Umschlagmotiv: Câmara de Lobos

Herausgeber: Polyglott-Redaktion
Autorin: Dr. Susanne Lipps
Lektorat: Dorothee Kern
Art Direction: Illustration & Graphik Forster GmbH, Hamburg
Karten und Pläne: Annette Buchhaupt
Titeldesign-Konzept: V. Barl
Realisation: Studio Wolf Brannasky

Wir danken dem Portugiesischen Touristik-Amt in Frankfurt/Main für die uns bereitwillig gewährte Unterstützung.

Ergänzende Anregungen, für die wir jederzeit dankbar sind,
bitten wir zu richten an:
Polyglott-Verlag, Redaktion, Postfach 40 11 20, D-80711 München.

Alle Angaben wurden sorgfältig geprüft. Dennoch kann eine Gewähr für Vollständigkeit und Richtigkeit nicht übernommen werden.

Zeichenerklärung

- ❶ Information
- ◔ Öffnungszeiten
- ☎ Telefonnummer
- 📠 Faxnummer
- ✈ Flugverbindungen
- ⛴ Schiffsverbindungen
- 🚌 Busverbindungen
- 🏨 Hotel
- $ⓈⓈⓈ$ DZ mit Frühstück ab 18 000 Esc
- $ⓈⓈ$ 10 000–25 000 Esc
- $Ⓢ$ 6000–10 000 Esc
- 🍴 Restaurant
- $ⓈⓈⓈ$ Hauptgericht ab 2000 Esc
- $ⓈⓈ$ 1200–2000 Esc
- $Ⓢ$ bis 1200 Esc

Routenpläne

- ─①─ Route mit Routenziffer
- ═══ Autobahn, Schnellstraße
- ─── sonstige Straßen, Wege
- ─ ─ ─ Staatsgrenze, Landesgrenze
- ─ ─ ─ National-, Naturparksgrenze

Routenpläne

- ─①─ Route mit Routenziffer
- ═══ Autobahn, Schnellstraße
- ─── sonstige Straßen, Wege
- ─ ─ ─ Staatsgrenze, Landesgrenze
- ─ ─ ─ National-, Naturparksgrenze

Komplett aktualisierte Auflage 1996/97

Redaktionsschluß: März 1996
© 1995 by Polyglott-Verlag Dr. Bolte KG, München
Printed in Germany / II.
Gedruckt auf chlorfrei gebleichtem Papier
ISBN 3-493-62805-6

Polyglott-Reiseführer

Madeira

Susanne Lipps

Polyglott-Verlag München

Allgemeines

Editorial .... S. 7
Blumeninsel im Atlantik .... S. 8
Geschichte im Überblick .... S. 19
Kultur gestern und heute .... S. 20
Degenfisch und edler Madeira .... S. 24
Urlaub aktiv .... S. 27
Reisewege und Verkehrsmittel .... S. 28
Unterkunft .... S. 30
Praktische Hinweise von A–Z .... S. 92
Register .... S. 95

Städtebeschreibungen

Funchal – zwischen Nostalgie und Moderne S. 32
Ein Bummel durch die Hauptstadt Madeiras mit ihren tropischen Parkanlagen, den ehrwürdigen Palästen und der lebhaften Altstadt.

Machico – die vergessene Hauptstadt S. 54
Eine alte Stadt mit neuem Wind: Machico entwickelte sich von der Provinzstadt zum Touristenzentrum.

Routen

Route 1 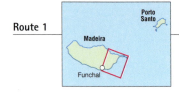 **Der blütenreiche Osten** S. 60

Hier erhält man die Bestätigung für Madeiras Beinamen „Blumeninsel im Atlantik". Karg und wüstenhaft präsentiert sich dagegen die Ostspitze der Insel.

Route 2  **Rund um die höchsten Gipfel** S. 70

Man kann nur staunen über die zerklüftete Bergwelt wie auch über den verwegenen Verlauf der Straße nach Porto Moniz entlang der wilden Nordküste.

Routen

Route 3 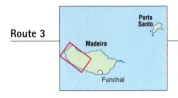 **Entdeckungsreise in den Westen** S. 81

Fast gespenstisch ist die Fahrt über die einsame Hochebene Paúl da Serra. An der Südküste lädt so manches kunsthistorische Kleinod zum Besuch ein.

Porto Santo 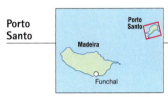 **Die Strandinsel** S. 88

Sand und Sonne sind die Kennzeichen der kleinen Schwesterinsel Madeiras. Auch Christoph Kolumbus hat hier seine Spuren hinterlassen.

Bildnachweis

Alle Fotos APA Publications/Phil Wood außer Archiv für Kunst und Geschichte: 13/1, 15/2, 29/1, 37/4; Susanne Lipps: 7/2–3, 11, 23, 27/3, 29/3, 31/1–3, 37/3, 45/2, 63/2–3, 65/1, 69, 71/1, 79/3, 83/1, 91/3; W. Storto: 53, 63/4.
Umschlag: Klaus Thiele (Bild), Bernd Ducke/Superbild (Flagge).

Polyglott 5

Fremde Kulturen kennenlernen und gastfreundlichen Menschen begegnen – wie sehr genießen wir das auf Reisen. Zu Hause bei uns jedoch wird mancher Ausländer von einer kleinen Minderheit beschimpft, bedroht und sogar mißhandelt. Alle, die in fremden Ländern Gastrecht genossen haben, tragen hier besondere Verantwortung. Deshalb: Lassen Sie es nicht zu, daß Ausländer diffamiert und angegriffen werden. Lassen Sie uns gemeinsam für die Würde des Menschen einstehen.

Verlagsleitung und Mitarbeiter des Polyglott-Verlages

Editorial

Der Pico Ruivo, Madeiras höchster Berg, ist leicht zu besteigen

Die Enttäuschung ist groß, wenn man beim Anflug auf Madeira nichts sieht als Wolken. Doch kein Grund zur Aufregung. Die Nordküste und die Berge sind zwar in der Tat öfters verhangen, aber an der Südküste blinzelt meistens bald wieder die Sonne durch. Als steiler Felsklotz ragt die Vulkaninsel aus dem Atlantik. Tiefe Schluchten und schroffe Bergwände ergeben ein bizarres Landschaftsbild. Auch hier wieder ein Gegensatz zwischen Norden und Süden: undurchdringlicher Wald auf der einen, intensiv genutztes Kulturland aus der anderen Seite.

Frauen tragen mit Sticken zum Familieneinkommen bei

Die ersten Besucher im 19. Jh. waren jedoch weniger an der abwechslungsreichen Landschaft Madeiras interessiert, sondern vielmehr an dem milden Klima, in dem sich diverse Krankheiten auskurieren ließen. Dreh- und Angelpunkt des Tourismus war lange Zeit die Hauptstadt Funchal mit ihren exklusiven Hotels. Ein wenig von dem altmodischen Flair konnte sich die Stadt auch bewahren, und nach wie vor verbringen die meisten Besucher ihren Urlaub hier. Aber nicht nur die alten Herrenhäuser, die unzähligen Museen oder die prächtigen Gartenanlagen stehen auf dem Besichtigungsprogramm. Wanderungen entlang der kühn angelegten Levadas oder der meist wilden Küste locken vermehrt Touristen nach Madeira. Auch Wasserratten kommen auf ihre Kosten, kann man doch bis weit in den Herbst hinein in den sicheren Meerwasserschwimmbecken dem Schwimmvergnügen frönen. Oder steht einem die Nase nach Golf, Reiten oder Tauchen?

Blandy's Garden: ein Paradies für Botaniker

Und wer wirklich nur Sonne und Wasser sucht, für den ist die kleine Nachbarinsel Porto Santo genau das richtige. Ihr kilometerlanger Sandstrand gilt als einer der schönsten des Atlantiks.

Die Autorin

Susanne Lipps (geb. 1957) beendete 1985 ihr Studium der Geographie, Geologie und Biologie mit der Promotion. Sie lebt in Düsseldorf und publizierte mehrere Reise- und Wanderführer. Madeira kennt sie von zahlreichen Studienreisen, die sie als Reiseleiterin begleitete.

Blumeninsel im Atlantik

Lage und Landschaft

Aus fünf Inseln setzt sich der Archipel Madeira zusammen: Madeira selbst, die Hauptinsel, ist zugleich mit Abstand die größte (741 km^2); Porto Santo, die zweitgrößte Insel des Archipels, erreicht nur eine Fläche von 45 km^2; und die Desertas, Madeira im Südosten vorgelagert, sind zusammen gerade 1,4 km^2 groß. Diese drei wasserlosen Inseln sind unbewohnt. Die knapp 300 000 Bewohner des Archipels leben fast ausschließlich auf der Hauptinsel, Porto Santo zählt etwa 5000 Menschen. Die Breitenlage Madeiras (33° Nord) entspricht ungefähr der der marokkanischen Stadt Casablanca. Vom portugiesischen Mutterland liegen die Inseln ca. 900 km entfernt, vom afrikanischen Cap Juby (Marokko) jedoch nur rund 600 km. So zählt der Archipel Madeira geographisch zu Afrika, politisch aber zu Europa.

Der höchste Berg Madeiras ist der *Pico Ruivo* mit 1862 m, der *Pico do Facho* auf Porto Santo erreicht nur 517 m. Während Flüsse und Bäche tiefe Schluchten in die steil aus dem Atlantik herausragende Insel Madeira geschnitten haben und die Brandung, die stetig an den Küsten nagt, steile Kliffs geschaffen hat, dehnt sich Porto Santo als eine weite Ebene aus mit kleineren Erhebungen. So verschieden die Inseln auch sind, beide sind vulkanischen Ursprungs. Ähnlich wie bei einem schwimmenden Eisberg ragt lediglich ein Bruchteil der Inselkörper über den Meeresspiegel heraus. Unter der Wasseroberfläche müßte man noch an die 4000 m tief tauchen, um an die Basis der gigantischen Vulkane zu gelangen. Ihre Entstehung geht auf eine Serie von Eruptionen aus einem Hot Spot, einer Zone aufgeschmolzenen Gesteins innerhalb der festen Erdkruste, während des Tertiärs zurück. Im Verlaufe von Jahrmillionen bildeten sich so die Inseln Madeira und Porto Santo. Heute ist die vulkanische Aktivität in diesem Gebiet zur Ruhe gekommen. Seit der Entdeckung der Inseln sind keine Ausbrüche mehr registriert worden. Man weiß aber heute, daß noch vor rund 1000 Jahren – in geologischen Dimensionen eine unbedeutende Zeitspanne – kleinere Eruptionen stattgefunden haben. Eine kürzlich bei Funchal entdeckte Thermalquelle ist der vorerst letzte Zeuge dieser vulkanischen Aktivität.

Madeira besitzt nur einige kleine, schwarze, grobkiesige Strände, die weniger zum Baden einladen. Deshalb hat man, die natürlichen Gegebenheiten nutzend, vielerorts Felsbadeanlagen gebaut, die sowohl das Baden im Meer wie auch in Becken ermöglichen. Porto Santo dagegen wartet mit einem einladenden 8 km langen, goldgelben Sandstrand auf.

Klima und Reisezeit

Fast schon sprichwörtlich ist das ganzjährig milde frühlingshafte Klima. Januar bis März sind die kältesten Monate, doch auch dann wird es nachts selten kälter als 14 °C, und tagsüber steigen die Temperaturen auf über 18 °C. Das Meerwasser ist mit 17 °C im Winter zum Baden allerdings recht frisch. Der ausgleichende Einfluß des Atlantiks sorgt dafür, daß im Sommer das Thermometer auf Madeira kaum mehr als 25 °C erreicht. Nur wenn der heiße *Leste*, ein aus Afrika kommender Südostwind, weht, ist ein Temperaturanstieg auf über 30 °C zu verzeichnen. Weht der Leste im Winter, verspricht dies tagelang Idealbedingungen für Ausflüge in die Berge.

Die Wassertemperatur erreicht im September mit 23 °C ihren höchsten Wert, bei Porto Santo sogar noch ein paar

BLUMENINSEL IM ATLANTIK

Grad mehr. Von der Sonne bevorzugt sind die Südküste Madeiras und Porto Santo. Im wolkenreichen Norden Madeiras kann es leicht ein paar Grad kälter sein. Und je höher man ins Gebirge hinaufkommt, desto größer werden die Unterschiede zwischen Winter- und Sommer-, Tages- und Nachttemperaturen. Schon in 700 m Höhe beträgt die Durchschnittstemperatur im August nur noch 14 °C und im Februar 5 °C. In den Bergregionen friert es im Winter nachts sogar, und die Gipfel tragen hin und wieder für einige Tage eine Schneedecke.

Zwischen Juni und September regnet es auf Madeira selten. Während der übrigen Monate herrscht wechselhaftes Wetter vor. In diese Zeit fallen die meisten Regentage (in Funchal im Mittel 55 Tage im Jahr bei etwa 650 mm Niederschlag). Die höchsten Regenmengen gehen an der Nordküste Madeiras und in der Gebirgszone nieder. Viel trockener ist es auf Porto Santo, dort regnet es nur 350 mm im Jahr.

Reisezeit ist eigentlich immer auf Madeira. Wer allerdings im Meer baden möchte, sollte die Wintermonate meiden. Wanderer können zu dieser Jahreszeit aber wunderschöne Tage in den Bergen erleben. Das stabilste Wetter erlebt man in den Sommermonaten bis weit in den Herbst hinein.

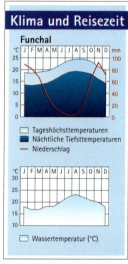

Natur und Umwelt

Flora

Madeiras sprichwörtlicher Blütenzauber ist wohl der Hauptgrund für viele Besucher, die Insel zu bereisen. An der klimatisch begünstigten Südküste gedeihen tropische und subtropische Pflanzen in Hülle und Fülle. Parkanlagen und Gärten, ja sogar Straßenränder borden über vor Blüten. Englische Weinhändler waren es, die sich im 18. Jh. auf Madeira niedergelassen hatten und Pflanzen aus aller Welt in ihre Gärten holten. In der kleinen englischen Kolonie überbot man sich ge-

Agapanthus

BLUMENINSEL IM ATLANTIK

genseitig darin, die neuesten botanischen Raritäten sein eigen zu nennen.

Farben haben auf Madeira immer Saison: Kommt man um die Jahreswende auf die Insel, dann fallen die riesigen Büsche des Weihnachtssterns überall ins Auge. Kamelien beginnen noch in den Wintermonaten zu blühen. Ende April umgeben sich die Alleen von Funchal mit einem zartlila Hauch, wenn die Blüten der Palisanderbäume noch vor den Blättern erscheinen. Die Ranken der Bougainvillea mit ihren violetten Scheinblüten überspannen Flußbetten und Mauern. Unentwegt treibt der Afrikanische Tulpenbaum neue tiefrote Blütenkelche. Auch im Sommer gibt es auf Madeira im Gegensatz zu den Mittelmeerländern keine ausgesprochene Trockenzeit. Im Herbst erstrahlt der riesige Kapokbaum ganz in Violett, im Frühjahr fliegen seine baumwollähnlichen Samenkapseln durch die Luft.

Ganz anders sieht es im gebirgigen Inselinneren aus. Die duftenden Eukalyptuswälder, in denen im Herbst die Belladonna-Lilie leuchtet, und die im Frühjahr zartgelben Akazienhaine (von den Einheimischen Mimosa genannt) wurden von Menschenhand angelegt. Sie bedecken große Teile der Südabhänge Madeiras.

Im Norden dehnt sich noch der ursprüngliche Lorbeerwald aus, ein grüner Dschungel mit unzähligen Baum- und Strauchgewächsen sowie auch mit großblütigen Margeriten, Geranien und Fingerhüten, die es sonst nirgendwo auf der Welt gibt. Flechten hängen tropfnaß von den Bäumen, Moose und Farne gibt es in großer Zahl. Aber auch in diesem immer feuchten Gebiet ist der Mensch tätig gewesen. Rhododendren und Azaleen zieren die Gartenanlagen, Agapanthus (Afrikanische Liebesblume) mit blauen und weißen Blütenkugeln und die prächtigen Hortensien säumen im Sommer die Straßen.

Auf den höchsten Gipfeln mit frostigen Nächten, aber recht warmen Tagen im Winter herrschen extreme Bedingungen für die Pflanzenwelt. So ist die Flora der der Alpen nicht unähnlich. Eine Rarität ist das gelbe Madeira-Veilchen. Urweltlich muten die knorrigen Wälder aus Baumheide an, die sich im Frühjahr ein unscheinbar weißes Blütenkleid zulegen. Probieren sollte man die Früchte der Madeira-Heidelbeere. Die Sträucher werden im Gegensatz zu unserer Gartenheidelbeere mannshoch.

Fauna

Madeira-Reisende stellen immer wieder mit Erstaunen fest, wie wenige Tiere man eigentlich auf der Insel sieht. Samen und Sporen von Pflanzen wurden vom Wind und von Vögeln über den Atlantik transportiert. Tiere mußten aus eigener Kraft kommen, was nur Fledermäusen, Vögeln und Insekten möglich war. So ist es nicht weiter verwunderlich, daß Vögel (mit rund 200 Arten, davon knapp 40 Brutvogelarten) und Insekten (etwa 700 Arten) die größten auf Madeira vertretenen Tiergruppen sind.

Viele Vogelarten hat der Mensch durch Jagd dezimiert und, wie im Fall der Madeira-Ringeltaube, an den Rand der Ausrottung gebracht. Bessere Überlebenschancen hatten Greifvögel (Bussard, Falke) und die kleineren Vogelarten, die in den Wäldern leben, z.B. das häufig zu sehende Madeira-Sommergoldhähnchen oder der Madeira-Buchfink.

Viele der auf Madeira vorkommenden Insektenarten haben im Verlauf der Entwicklungsgeschichte ihre Flugfähigkeit verloren und sind daher recht unauffällig. Andere sind der Landwirtschaft zum Opfer gefallen, denn auch hier werden Insektizide versprüht. Recht selten sind zum Glück die lästigen Stechmücken.

Einzige Reptilienart ist die Madeira-Mauereidechse, die vielleicht mit Treibgut auf die Insel gekommen ist. Sie ist sehr verbreitet und richtet in den Weinbergen und Obstplantagen große Schä-

BLUMENINSEL IM ATLANTIK

den an. Alle Haustiere (Kühe, Schafe, Ziegen und Schweine) sowie Kaninchen, Igel und Mäuse hat der Mensch auf die Insel gebracht.

Dies gilt auch für die Forellen, die man hier und da in Bächen oder Bewässerungskanälen entdecken kann.

Die Gewässer rund um Madeira sind nicht sonderlich fischreich. Überfischung und die heute zum Glück verbote-

Reparatur einer Levada

Levadas – ein Netz von Wasserrinnen

Levadas – schmale Wasserkanäle, in denen das kostbare Naß aus Quellen oft über viele Kilometer hinweg zwecks Bewässerung der Felder transportiert wird – verbindet man automatisch mit Madeira. Zwar sind ähnliche Bewässerungssysteme schon seit der Römerzeit in vielen Mittelmeerländern bekannt, doch nirgendwo hat man sie zu solcher Perfektion gebracht. 5000 Kilometer soll das Netz der Bewässerungsrinnen lang sein, zählt man all die kleinen und kleinsten Abzweigungen mit, die von den Hauptkanälen zu den sorgfältig angelegten Terrassenfelder führen.

Die ersten Levadas auf Madeira wurden vielleicht von Maurensklaven angelegt. Schon die Zuckerrohrplantagen im 15. Jh. verfügten über Bewässerungsanlagen, denn das süße Rohr benötigt bis zur Ernte enorm viel Wasser. Damals sprudelten auf der Südseite Madeiras noch viele Quellen, so dürften die ersten, zunächst noch privaten Levadas gerade ein paar hundert Meter lang gewesen sein. Als man Mitte des 16. Jhs. zum Weinbau überging, verfielen diese Kanäle, denn Wein brauchte nicht bewässert zu werden. Erst mit der Wiedereinführung des Zuckerrohranbaus im 19. Jh. mußte man sich erneut um die Bewässerung kümmern. Doch waren inzwischen viele Quellen versiegt, und man mußte das Wasser nun umständlich von der regenreicheren Nordseite herbeischaffen. Über viele Kilometer hinweg wurden die kurvenreichen Levadas mit geringstem Gefälle verlegt – eine enorme Ingenieurleistung, aber auch ein hartes Los für die Bauarbeiter, die oft unter Lebensgefahr mit der Spitzhacke die Rinnen ins Gestein hauen mußten.

Seither ist der Wasserverbrauch stetig gestiegen. Noch heute wird das Levada-Netz von der Regierung erweitert (die meisten Kanäle sind in staatlicher Hand, und die Bauern können „Wasserstunden" mieten). Um zu vermeiden, daß das Wasser verdunstet oder verschmutzt wird, leitet man es jetzt durch Röhren sowie durch Tunnels und über Brücken zum Bestimmungsort. Auch die alten Levadas, die durch Täler und an Bergrücken angelegt wurden, sind noch lebensnotwendig für Madeira. Sie erfreuen vor allem den Wanderer, der die steilsten Hänge und die bizarrsten Schluchten auf bequemen Pfaden entlang der Levadas ohne großes Gefälle begehen kann. Es gibt Levadas für jeden Geschmack: mit breiten Wegen, die von blühenden Büschen gesäumt werden, oder mit schmalen, schwindelerregenden Pfaden, die Blicke in abgrundtiefe Schluchten zulassen.

BLUMENINSEL IM ATLANTIK

nc Dynamitfischerei haben zudem für eine Dezimierung der Bestände gesorgt. Häufigster gefangener Fisch ist der schlanke Schwarze Degenfisch (s. S. 25) neben dem Thunfisch, dessen Fangmenge Ende der 80er Jahre allerdings drastisch zurückgegangen ist.

Heute wird einiges für die Erhaltung der Meeresfauna getan. Die Gewässer rund um Madeira wurden 1986 zum Meeresnationalpark erklärt, der vor allem den Schutz der Meeressäugetiere gewährleisten soll. Dies betrifft den Pottwal, dessen Fang seit 1982 auf Madeira verboten ist, ebenso wie die Mittelmeer-Mönchsrobbe, von der Anfang der 90er Jahre nur noch 12 Exemplare bei den unbewohnten Desertas gezählt wurden. Geschützt sind auch ein Küstenabschnitt östlich von Funchal und die Küste rund um die Desertas, wo die Fischerei starken Einschränkungen unterliegt. Offensichtlich mangelt es jedoch an der Kontrolle, denn Harpunentaucher holen nach wie vor ungehindert seltene Fischarten aus dem Meer.

Umweltprobleme

Auch die Abwässer setzen der Meeresfauna zu, eine Kläranlage gibt es bisher nur auf Porto Santo. Ein viel größeres Problem aber stellt der Schlamm dar, den die Flüsse nach jedem Regenfall ins Meer transportieren. Das Leben am Meeresboden, darunter auch die Fischjungbrut, wird durch ihn regelrecht erstickt. Ursache für das Verschlammen der Gewässer ist die Bodenerosion, derentwegen man Anfang der 80er Jahre den „Naturpark Madeira" geschaffen hat. Zwei Drittel der Insel wurden unter Schutz gestellt. Abholzung und nachfolgende Beweidung mit Schafen und Ziegen hatten der Vegetation in den Bergen Madeiras jahrhundertelang schwer geschadet. Auch die Aufforstung mit Eukalyptus, Kiefer und Akazie, die in diesem Jahrhundert erfolgte, erwies sich als unzureichend. Nach wie vor wird die dünne Bodenkrume der Berglandes durch den Regen allmählich ins Meer gespült. Eng verknüpft damit ist das Problem der Wasserknappheit. Auf großen Flächen fehlt die Vegetation, um den Regen aufzufangen und in den Boden zu leiten. So geht ein großer Teil des kostbaren Regenwassers verloren, da es durch Bäche und Flüsse ins Meer abfließt, ohne zur Auffüllung der Grundwasserreserven beizutragen. Bodenerosion und Wasserknappheit entstehen vor allem dort, wo die natürliche Waldbedeckung Madeiras verschwunden ist. Nur der Lorbeerwald ist dazu fähig, das Regenwasser in den Boden zu leiten und darüber hinaus sogar noch Wasser aus dem Wolkennebel herauszufiltern. So versucht man heute innerhalb des Naturparks nicht nur den noch vorhandenen Lorbeerwald so gut wie möglich zu schützen, sondern nach Möglichkeit den Bestand durch Aufforstung zu vergrößern.

Bevölkerung

Etwa 350 Einwohner pro Quadratkilometer leben auf Madeira. An der Südküste, vor allem in der Umgebung von Funchal, ist kein Fleckchen Land unbebaut geblieben, weit verstreut liegen die Häuser der Bauern. Tatsächlich drängen sich etwa 90 % der Bevölkerung Madeiras auf dem schmalen Küstenstreifen entlang der Südküste zusammen. Doch in 500 bis 600 m Höhe endet die Bebauung, denn bis hierhin reichen meist die Wolken, und im Nebel mag niemand wohnen.

Viel dünner besiedelt ist der Norden. Hier fehlt der Platz für die Landwirtschaft, denn vielfach fällt die Küste steil zum Meer hin ab. Fast völlig unbesiedelt ist das gebirgige Inselinnere.

Zu- und Abwanderung

Die portugiesischen Entdecker teilten Anfang des 15. Jhs. die bis dahin unbewohnte Insel unter sich, ihren Freunden und Verwandten auf. Man holte Sklaven aus Nordafrika und von den Kanarischen Inseln (sie sollen zeitweise bis zu 10 % der Bevölkerung ausge-

BLUMENINSEL IM ATLANTIK

macht haben) und warb Landarbeiter aus Portugal an, um die Ländereien zu bearbeiten. Bald jedoch setzte sich ein neues System der Bewirtschaftung durch, die *Colonia:* Der Großgrundbesitzer lebte in Funchal und hielt sich nur einen Teil des Jahres auf seinen Ländereien auf. Diese zerstückelte er in kleine und kleinste Parzellen, die oft nicht mehr als $1/3$ Hektar groß waren. Für deren Bearbeitung warb man Pächter an, die sogenannten *Colonos*. Immer mehr Menschen, vor allem aus Nordportugal, wo es viele Landlose gab, fanden so den Weg nach Madeira. Die Colonos mußten die Hälfte ihres Ernteertrags an den Großgrundbesitzer abliefern, der so ein leichtes Leben in der Stadt führen konnte, während die Pächter sich mehr schlecht als recht durchschlagen mußten. Erst seit der Nelkenrevolution von 1974 gehört dieses Pachtsystem der Vergangenheit an. Mit Hilfe günstiger staatlicher Kredite konnten viele Colonos den von ihnen bewirtschafteten Grund erwerben. Aber auch jetzt noch verfügen viele Ackerbauern über nicht mehr als $1/3$ oder gar $1/10$ Hektar Land.

Stickereien sind Handarbeit

So setzt sich die heutige Bevölkerung Madeiras vorwiegend aus Portugiesen, die vor allem aus dem Norden des Landes kamen, zusammen. Von den maurischen, schwarzafrikanischen und kanarischen Sklaven kehrten viele nach ihrer Freilassung in die Heimat zurück.

Die typische Wollmütze

Große Bedeutung für die wirtschaftliche Entwicklung Madeiras hatten ausländische Minderheiten. Um das Jahr 1500 herum ließen sich zahlreiche Händler, die im Zuckergeschäft tätig waren, in Funchal nieder (der berühmteste von ihnen war Christoph Kolumbus, der sich Jahre vor seinen Entdeckungsfahrten für einige Zeit als Zuckerhändler auf Madeira aufhielt). Sie kamen aus den italienischen Stadtstaaten und aus Flandern, das damals

Weinkenner unter sich

BLUMENINSEL IM ATLANTIK

enge Beziehungen zu Portugal unterhielt. Später waren es dann Engländer, die aufgrund ihres Engagements im Weinbau großen Einfluß auf die Entwicklung der Insel ausübten. Die Krise im Weinbau Ende des 19. Jhs. zwang viele Engländer, Madeira den Rücken zu kehren, doch noch heute leben hier zahlreiche britische Familien.

Die Auswanderung war von je her ein madeirensisches Phänomen. Schon in der Anfangszeit der Besiedelung war die Insel oft lediglich Durchgangsstation auf dem Weg nach Brasilien. Als im 19. Jh. der Weinbau große Einbußen erlitt, standen viele Menschen auf Madeira vor dem Ruin. Der Auswandererstrom verstärkte sich dramatisch und hielt bis in die 70er Jahre des 20. Jhs. fast unvermindert an. Beliebte Ziele waren Venezuela und Südafrika, wo nach Schätzungen heute etwa 100 000 Madeirenser leben.

Nach der Revolution von 1974 kehrten viele Auswanderer in ihre Heimat zurück und eröffneten Restaurants und Supermärkte mit so exotischen Namen wie „Luanda" oder „Minas Gerais".

Sprache

Das auf Madeira gesprochene Portugiesisch enthält, bedingt durch die engen Kontakte zu Brasilien, nicht wenige südamerikanische Elemente, und Heimkehrer aus Venezuela brachten einen spanischen Akzent mit. Für den ausländischen Besucher scheint die jahrhundertelange britische Dominanz bis heute gegenwärtig, denn überall wird er auf englisch angesprochen. Automatisch klassifiziert jeder Madeirenser einen Ausländer als *Inglês* (Engländer). Manche Inselbewohner beherrschen die englische Sprache perfekt, in der Regel kennen sie nur ein paar Brocken.

Religion

Die Bevölkerung Madeiras ist fast ausschließlich römisch-katholisch. Bei der Landbevölkerung hat die Religion noch einen hohen Stellenwert, in größeren Gemeinden und vor allem in Funchal sieht man jedoch bei Gottesdiensten und Prozessionen vorwiegend ältere Frauen. Familienfeste, wie Heirat, Taufe oder Kommunion, werden von den jungen Leuten nach wie vor recht aufwendig in kirchlichem Rahmen gefeiert.

Bildung

Schulpflicht besteht heute für alle Kinder bis zum vierzehnten Lebensjahr, doch sieht die Praxis so aus, daß Kinder aus ärmeren Bevölkerungsschichten nicht regelmäßig zum Unterricht kommen. Noch immer ist die Analphabetenquote recht hoch. Auf der anderen Seite erwerben viele Kinder aus der Mittelschicht die Hochschulreife und drängen, da es in Portugal keine geregelte Berufsausbildung gibt, an die Universität in Funchal oder auf dem Festland. Viele Hochschulabsolventen sehen sich jedoch mit der Arbeitslosigkeit konfrontiert oder müssen unterqualifizierte Arbeitsplätze annehmen.

Lebensstil

Auf den Besucher aus Mitteleuropa macht die madeirensische Bevölkerung einen konservativen Eindruck. Die Männer, die oft Alleinverdiener der Familie sind, treffen sich nach Feierabend in der Kneipe oder zum Kartenspiel, am Wochenende zum Fußball. In Fragen des Haushalts und der Kindererziehung dominieren die Frauen. Waschmaschine und Kühlschrank gehören noch nicht zu den Selbstverständlichkeiten, sondern sind Ausdruck des sozialen Aufstiegs. Noch häufig wohnt man mit den Eltern bzw. Großeltern zusammen. Die Großfamilie gewährleistet die Versorgung aller Mitglieder und ersetzt so weitgehend das grobmaschige soziale Netz in Portugal. Für Individualität bleibt da wenig Raum. Die traditionelle Trennung zwischen Männer- und Frauenwelt ist für die junge Generation besonders in der Stadt nicht mehr so selbstverständlich, auch das Leben in der Großfamilie findet bei ihr immer weniger Zustimmung.

BLUMENINSEL IM ATLANTIK

Brauchtum

Recht oft sieht man auf Madeira in den kühleren Regionen die handgestrickte Wollmütze *(barrete de lã)* mit Bommel und Ohrenklappen, vor allem bei Männern. Die früher üblichen braunen und beigefarbenen Töne werden allmählich durch bunte Farben abgelöst (s. Abb. S. 13). Teil der traditionellen Kleidung waren auch die halbhohen Lederstiefel, die noch gelegentlich bei der Landarbeit getragen werden. Ansonsten sind die Trachten aus dem täglichen Leben verschwunden. Man sieht sie aber noch bei den Blumenverkäuferinnen in Funchal: die bunten Wollröcke mit den weißen Blusen und das über die Schulter geworfene rote Tuch sowie die lustige kleine Kappe mit dem Zipfel. Und die Korbschlittenfahrer in Monte sind wie ehedem gekleidet: weiße Hosen und Hemden, in der Taille von einer Schärpe gehalten, dazu einen kreisrunden Strohhut.

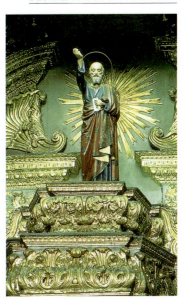

Die Ortsheiligen werden gebührend gefeiert

Auch die zahlreichen Folkloregruppen, die es auf Madeira gibt, pflegen die Trachten. Sie treten bei Volksfesten auf, und anläßlich größerer Feierlichkeiten wie Weihnachten oder Ostern kann man die Tänze und Lieder auch in den Straßen von Funchal erleben. Professionelle Gruppen zeigen in Hotels und Restaurants eine erstaunlich unverfälschte Folklore. Einige Tänze gehen auf Maurensklaven zurück, andere kamen mit den nordportugiesischen Einwanderern auf die Insel. Viele Lieder sang man früher, um sich die harte Arbeit auf dem Feld oder beim Pressen der Weintrauben zu erleichtern. Und mit etwas Phantasie kann man die Arbeitsabläufe noch in den Tänzen erkennen. Andere Gesänge begleiteten Pilger bei Wallfahrten oder während der oft ausgiebig gefeierten Kirchenfeste.

Jedes Dorf auf Madeira hat seinen Ortsheiligen, meist sind es sogar zwei oder drei, zu deren Ehren in den Sommermonaten Feste stattfinden. Schon Wochen vor dem großen Ereignis werden die Straßen mit bunten Girlanden ge-

An den Trachten hat sich bis heute nichts geändert

schmückt. Die Nacht von Samstag auf Sonntag wird dann mit Musik und Gesang durchgefeiert. Man ißt *espetada*, den traditionellen Fleischspieß, und trinkt dazu den lokalen Wein mit dem leichten Brombeergeschmack. Wie gewandelt ist die Stimmung am Sonntagmorgen, wenn alle Dorfbewohner in schwarzer Festtagskleidung erscheinen und den Pfarrer und die Dorfhonoratioren mit der Statue des Heiligen bei der Prozession begleiten. Das religiöse Ereignis ist bald vorüber, der Rest des Tages gehört der Familie.

Wirtschaft

Bananen, deren Pflanzungen sich entlang der Südküste ausdehnen, sind die tragende Säule der Inselwirtschaft. Das Klima ist für die im Norden für die empfindliche Bananenstaude zu rauh. Die Bewässerungskanäle, die Levadas, dienen der Versorgung der Bananenfelder. Bis zu 1000 Liter werden benötigt, um 1 kg Früchte zu produzieren. Deshalb ist der Bananenanbau auf Madeira in Mißkredit geraten und wäre wohl wegen der hohen Kosten (viel Handarbeit ist notwendig) auch kaum zu retten gewesen, hätte nicht die portugiesische Regierung Importbananen mit hohen Zöllen belegt.

Mit der Öffnung der europäischen Binnengrenzen drohte der Madeira-Banane das Aus. Portugal sah sich überschwemmt von Billigimporten aus der Karibik, die über andere Länder der EU ins Land gekommen wären. Zum Schutz der europäischen Bananenproduzenten erließ die Kommission in Brüssel Zollschranken und Importkontingente, die seit 1993 die Bananenpreise in der EU hochhalten. Ob dies korrekt ist, muß der Europäische Gerichtshof entscheiden.

Jahrhundertelang war der *Weinbau* nahezu der einzige Wirtschaftszweig auf der Insel gewesen. Wo es Klima und Boden zuließen, wurden Weinstökke gepflanzt, die Bauern waren völlig vom Ertrag der Reben abhängig. Im 19. Jh. wurden nacheinander erst der Mehltau (1852) und dann die Reblaus (1872) aus Amerika eingeschleppt, die schwere Schäden in Madeiras Weinbergen anrichteten. Man importierte daraufhin die reblausresistente amerikanische Weinrebe in der Hoffnung, sie könnte die europäischen Sorten ersetzen. Der daraus gewonnene Wein besitzt jedoch einen scharfen Beigeschmack und ist bei Kennern verpönt. Erst in jüngerer Zeit bemüht man sich wieder um Qualität, um dem Portwein und dem Sherry ernsthaft Konkurrenz machen zu können. Aus der noch weit verbreiteten Amerikanerrebe wird ein süffiger Rotwein mit leichtem Obstgeschmack gewonnen, der nur im Faß erhältlich ist und gern von den Einheimischen getrunken wird.

Echte Handarbeit

Im Stickereihandwerk sind rund 30 000 Arbeitskräfte beschäftigt, fast ausschließlich Frauen, die auf diese Weise einen wichtigen Teil des Familieneinkommens verdienen. Die Tochter eines englischen Weinhändlers, Elizabeth Phelps, war Mitte des vorigen Jahrhunderts die erste Arbeitgeberin in dieser Branche. Sie ließ auf Madeira Blusen und Kleider, Tischdecken und Servietten nach englischem Geschmack fertigen und verkaufte die bestickten Waren in London. Um die Jahrhundertwende ließen sich einige deutsche Kaufleute auf Madeira nieder und bauten die Stickerei zu einem regelrechten Industriezweig aus. In den Fabriken werden die Stoffe mittels einer Schablone an den Stellen, die bestickt werden sollen, blau eingefärbt. Das Sticken erfolgt dann in Heimarbeit. Wiederum in der Fabrik wird die Farbe ausgewaschen, der Stoff gebügelt, vernäht, versäubert und verpackt. Ein Bleisiegel bürgt für echte Handarbeit, Maschineneinsatz ist streng verboten.

BLUMENINSEL IM ATLANTIK

Fieberhaft war man nach der Weinkrise im vorigen Jahrhundert bemüht, neue exportfähige Anbauprodukte zu finden. Man besann sich zunächst wieder auf das *Zuckerrohr,* das der Insel im 15. Jh. schon einmal zu Reichtum verholfen hatte. Überall auf Madeira entstanden kleine Fabriken, die das süße Rohr gleich nach der Ernte (der Zuckergehalt schwindet sonst rasch) zu Zukker oder aber zu *aguardente de cana,* einem kräftigen Zuckerrohrschnaps, verarbeiteten. Doch die Produktion war zu kostspielig, das Klima für das tropenverwöhnte Zuckerrohr eigentlich zu kühl und zu trocken. So wurde nur der portugiesische Markt beliefert, den hohe Schutzzölle gegenüber Importen aus anderen Ländern abschirmten.

Weinbau hat Tradition

Langsam aber stetig ging der Zuckerrohranbau im 20. Jh. zurück, es blieben nur noch einige wenige kleine Felder rund um die letzten beiden Schnapsfabriken in Porto da Cruz und Calheta bestehen. Die Zuckerverarbeitung war der einzige wirkliche Industriezweig Madeiras.

Nach dem Kochen werden die Weidenruten geschält

Die ehemaligen Fischkonservenfabriken sind inzwischen bis auf eine, die nur ein paar Wochen im Jahr in Betrieb ist, geschlossen worden. Auch kunsthandwerkliche Podukte, die in ein paar sogenannten Fabriken in Form von Heimarbeit hergestellt werden, zählen die Madeirenser zum Industriesektor.

Ganz ähnlich wie die *Stickerei* ist die *Korbflechterei* organisiert. Viele Bauern leben davon, in den feuchten Tälern des Nordens Weidenbüsche anzupflanzen und die Ruten an die Korbflechterwerkstätten zu verkaufen. Diese findet man vor allem in Camacha. Dort ansässige Engländer hatten die Produktion im 19. Jh. auf Madeira eingeführt. Die Werkstatt vergibt Aufträge an die Korbflechter, die meist in Familienbetrieben arbeiten, lackiert die Waren anschließend und verkauft Körbe und Korbmöbel weltweit.

Die größten wirtschaftlichen Hoffnungen der Madeirenser ruhen auf dem

Bananen: wichtiges Agrarprodukt

Polyglott **17**

BLUMENINSEL IM ATLANTIK

Tourismus. Dessen Wurzeln reichen zumindest ins 19. Jh. zurück, als die Reichen Europas auf der Suche nach Heilung von allerlei Krankheiten die Winter auf Madeira verbrachten. Lange Zeit blieb die Insel ein exklusives Reiseziel mit wenigen Luxushotels.

Erst in den 80er Jahren erfolgte die Entwicklung hin zum Massentourismus, der sich allerdings mit knapp 20 000 Gästebetten immer noch relativ in Grenzen hält. Mit finanziellen Mitteln der EU werden in den 90er Jahren neue Hotels und Ferienanlagen errichtet, aber auch alte Herrenhäuser und ehrwürdige Hotels sorgfältig restauriert. Konzentrierte sich der Tourismus ursprünglich beinahe ausschließlich auf Funchal, so bekommen jetzt auch die kleineren Inselorte etwas vom Kuchen ab. Caniço wird zum zweiten Ferienzentrum der Insel ausgebaut, aber auch Machico und die Nachbarinsel Porto Santo profitieren von der touristischen Entwicklung. Etwa 5000 Arbeitsplätze hängen direkt vom Tourismus ab.

Politik und Verwaltung

In Portugal wurde 1974 mit der „Nelkenrevolution" der Übergang von der Diktatur zur Demokratie vollzogen. Für Madeira hatte dies weitreichende Folgen. War die Insel unter der Diktatur eng in den Zentralstaat eingebunden und in allen Fragen von Entscheidungen aus Lissabon abhängig, so hoffte man jetzt auf eine gewisse Selbstverwaltung. Die Unabhängigkeitsbewegung FLAMA, die für eine vollständige Loslösung von Portugal plädierte, konnte sich jedoch nicht durchsetzen. Statt dessen siegten bei den ersten Wahlen 1975 auf Madeira ebenso wie auf dem portugiesischen Festland die gemäßigten Kräfte, und der Archipel erhielt ein Jahr später einen Autonomiestatus.

Wichtige Entscheidungen werden nach wie vor in Lissabon getroffen, ein sogenannter Minister der Republik kontrolliert Inselregierung und -parlament, damit diese sich in ihren Entscheidungen nicht zu weit vom Mutterland entfernen. Bei inneren Angelegenheiten hat man mittlerweile eine gewisse Selbständigkeit errungen.

Äußeres Zeichen der Autonomie ist die eigene Flagge, die bei jeder sich bietenden offiziellen Gelegenheit gehißt wird. Der gelbe Streifen in der Mitte symbolisiert die Insel, die beiden blauen Streifen am Rande das Meer. Im Zentrum der Flagge prangt das rote Kreuz des Christusordens, dessen Ritter bei den portugiesischen Entdeckungsfahrten eine große Rolle spielten. Während der ersten Jahrzehnte nach der Inbesitznahme verwaltete der Orden im Auftrag des Königs die Insel Madeira. Heute ist das Kreuz offizielles Symbol der Autonomen Region Madeira und wird viel und gern gezeigt.

Steckbrief

Lage: 17° westlicher Länge, 33° nördlicher Breite

Größe: Madeira: 741 km²; Porto Santo: 45 km²; Desertas: 1,4 km²

Höchste Erhebungen:
Madeira: Pico Ruivo (1862 m).
Porto Santo: Pico do Facho (517 m)

Bevölkerung:
Madeira: 275 000 Einw.;
Porto Santo: 5000 Einw.

Auf einem Quadratkilometer leben rund 350 Menschen.

Hauptorte:
Funchal: 45000 Einwohner;
Vila Baleira: 2500 Einwohner

Sprache: Portugiesisch

Konfession:
Römisch-katholisch (99,5%)

Verwaltung: Autonome Region innerhalb Portugals (seit 1976)

Geschichte im Überblick

1351 Erscheinungsdatum einer Florentiner Seekarte, auf der Madeira fast genau an der richtigen Stelle als Isola di Legname („Holzinsel") eingezeichnet ist. Die Portugiesen übersetzten diesen Namen später in ihre Sprache (madeira – Holz).

1418–1419 João Gonçalves Zarco und Tristão Vaz Teixeira errichten auf Porto Santo und Madeira erste portugiesische Stützpunkte.

1440–1450 Zarco und Vaz Teixeira, denen Madeira jeweils zur Hälfte als Lehen zugefallen ist, verteilen das Land an Freunde und Verwandte, die mit Hilfe afrikanischer Sklaven mit dem Zuckerrohranbau beginnen. Schon bald entwickelt sich die Insel zum wichtigsten Zuckerlieferanten Europas.

1530 Der Zuckerrohranbau wird wegen der starken Konkurrenz aus Brasilien und Mittelamerika weitgehend aufgegeben, man beginnt mit dem Weinbau.

1580–1640 Als die Dynastie der Aviz mit König Sebstião ausstirbt, kommt das Land zu Spanien und wird damit in den spanisch-englischen Konflikt hineingezogen. Die Küsten Madeiras sind den Überfällen englischer Korsaren weitgehend ungeschützt preisgegeben. Immer wieder kommt es zu Plünderungen und Brandschatzungen.

1703 Im Methuen-Vertrag werden die portugiesisch-englischen Handelsbeziehungen geregelt. England, das den Unabhängigkeitskrieg Portugals gegen Spanien unterstützt hatte, läßt sich zahlreiche Zugeständnisse machen. So gerät der Weinhandel auf Madeira völlig unter englische Kontrolle.

1807–1814 Nachdem im Verlauf der Napoleonischen Kriege die Franzosen das portugiesische Festland besetzt haben, stationieren die Briten 2000 Soldaten auf Madeira. Viele von ihnen bleiben nach Kriegsende auf der Insel.

1872 Die aus Amerika eingeschleppte Reblaus vernichtet auf Madeira einen Großteil der Weinstöcke; viele Inselbewohner wandern daraufhin aus.

1910 Ende der Monarchie in Portugal.

1916 Portugal beschlagnahmt auf Veranlassung Englands alle deutschen Besitztümer im Land. Ein deutsches U-Boot taucht daraufhin vor Madeira auf und versenkt im Hafen von Funchal ein französisches Kriegsschiff.

1931 Auf Madeira kommt es zur sogenannten Hungerrevolte, nachdem die Großgrundbesitzer das Monopol auf Mehlimporte erhalten haben. Der Aufstand wird vom Militär niedergeschlagen.

1947 Erste Linienflüge mit Wasserflugzeugen werden zwischen England, Portugal und Madeira eingerichtet.

1960 Auf Porto Santo wird der Flughafen eröffnet, vier Jahre später auch auf Madeira.

1974–1975 Die „Nelkenrevolution" in Portugal setzt der Diktatur ein Ende, die Unabhängigkeitsbewegung FLAMA auf Madeira kann sich nicht durchsetzen.

1976 Madeira erhält als Autonome Region einen Sonderstatus innerhalb Portugals. In der Folgezeit setzt die Entwicklung zum Massentourismusziel ein.

1986 Portugal wird Mitglied der EG.

1995 Das Schengener Abkommen tritt in Kraft. Damit entfallen bei der Einreise nach Madeira die Paßkontrollen für EU-Bürger.

Die Piraten von 1566

Ein historisches Ereignis wird wohl für immer im Bewußtsein der Madeirenser verankert bleiben: Der Überfall französischer Korsaren, die zwei Wochen lang in Funchal plünderten, brandschatzten und mordeten und mit Beute von unwiederbringlichem Wert fast ungehindert davonfuhren. Eigentlich hatte es der Abenteurer Bertrand de Montluc auf die sagenumwobene Goldküste abgesehen. Doch mußte die Flotte von acht Galeonen, auf denen sich außer der Besatzung noch tausend bewaffnete Soldaten befanden, unterwegs verpflegt werden, und zudem lockte der sprichwörtliche Reichtum Madeiras. Die Paläste der wohlhabenden Leute mit ihren großen Zucker- und Weinvorräten, mit Schmuck und wertvollem Hausrat, und auch die Kirchen mit Gold-, Silber- und Kunstschätzen versprachen reiche Beute. Fast unbemerkt landete Montluc am 3. Oktober 1566 an einem Strand im Westen von Funchal und nahm die Stadt fast widerstandslos ein. An die 250 Bewohner hatten sich in die Festung São Lourenço zurückgezogen, wo es zwar viele Kanonen gab, aber weder Kugeln noch Pulver. So nahmen die Piraten die Festung im Sturm und töteten alle, die sich darin befanden. Dann machten sich die Korsaren über die Kirchen und Paläste her, ließen alles mitgehen, was nicht niet- und nagelfest war und verübten, wenn man den Geschichtsschreibern glauben darf, unzählige Grausamkeiten. Wie durch ein Wunder blieb der Kirchenschatz der Kathedrale verschont (heute im Museo de Arte Sacra), denn man hatte ihn in weiser Voraussicht neben dem wenige Tage zuvor im Altarraum beigesetzten Schatzmeister der Kirche deponiert. Unschätzbare Werte verschwanden von der Insel, als die Freibeuter nach 15 Tagen die Anker lichteten. Infolge dieser Ereignisse errichtete man rund um Funchal Festungen und zog eine Stadtmauer, die erst im 19. Jh., als die Piratengefahr endgültig gebannt war, geschleift werden konnte.

Kultur gestern und heute

Architektur

Gegensätze zwischen Arm und Reich prägten bis in die jüngste Vergangenheit die Architektur Madeiras.

Auf dem Land lebten die Menschen in winzigen strohgedeckten Häusern *(Casas de Colmo)*, die aus kaum mehr als einem Raum bestanden. Viele wurden inzwischen abgerissen oder in Kuhställe verwandelt, doch in abgelegenen Teilen der Insel, vor allem im Norden und Südwesten, sind einige Casas de Colmo noch bewohnt.

Feudale ländliche Herrensitze standen einst inmitten der Zuckerrohrplantagen und Weinberge. Doch nur wenige haben die Zeiten überdauert, da das Interesse ihrer Besitzer am Landleben nicht allzu groß war. Spätestens seit der Krise im Zuckergeschäft (Mitte 16. Jh.) ging man dazu über, den Landbesitz auf zahlreiche Kleinpächter aufzuteilen und in der Metropole Funchal zu residieren. Dort zeugen noch heute die alten Stadtpaläste vom früheren Reichtum des Adels. Nach außen wirken sie häufig schmucklos und abweisend, doch innen offenbaren sich dem Besucher lauschige Patios, von eleganten Galerien umgeben, die zu den prunkvoll ausgestatteten Räumlichkeiten führen.

Ab 1495, dem Jahr der Thronbesteigung König Manuels I., kam in Portugal eine neue Stilrichtung der Gotik auf, der sogenannte *Manuelismus*. Phantasievolle verspielte Dekorationen in Stein zeichnen den manuelischen Stil aus. Die meisten Kirchen Madeiras entstanden in dieser Zeit, schlichter gehalten zwar, als es damals auf dem Festland üblich war, doch im-

KULTUR GESTERN UND HEUTE

mer mit Steinmetzarbeiten versehen, in denen die Künstler – inspiriert durch die Entdeckungsfahrten – Fabelwesen aus fernen Ländern und Motive aus der Seefahrt nachbildeten. Sehr beliebt für die Ausstattung der Gotteshäuser waren auch im *Mudéjarstil* geschnitzte Holzdecken, in denen der Einfluß maurischer Künstler zum Ausdruck kommt. Unter spanischer Herrschaft wurde wenig gebaut. Doch anschließend, im 18. Jh., kam die Architektur auf Madeira noch einmal zu voller Blüte. Der Barockstil war in Europa in Mode, und in Portugal konnte man ihm dank des reichlich in der Kolonie Brasilien geschürften Goldes recht üppig frönen. Dies kam vor allem den Kirchen zugute, die prachtvoll mit wandfüllenden Altären, aus Holz geschnitzt und mit Blattgold belegt *(Talha dourada)*, ausstaffiert wurden.

Azulejo (Fliesenbild)

Möbel aus Zuckerkisten

Fünf Zuckerhüte, zu einem Kreuz angeordnet, verlieh König Manuel I. 1508 der Stadt Funchal als Wappen. Madeira war durch Zuckerexport reich geworden, und wie es damals üblich war, ließ man den Zucker in kegelförmigen Tongefäßen auskristallisieren, wobei die Zuckerhüte entstanden. Ein so wertvolles Gut wie der Zucker – im Mittelalter hatte man ausschließlich mit Honig gesüßt – erforderte auch eine besondere Behandlung beim Transport. Dafür fertigte man spezielle Kisten aus einheimischen Hölzern an, wie dem Stinklorbeer, der frisch geschlagen einen unangenehmen Geruch verbreitete, oder dem sogenannten Madeira-Mahagoni. In der zweiten Hälfte des 16. Jhs. begann die Konkurrenz aus Brasilien den madeirensischen Zuckerproduzenten das Leben schwer zu machen. So sah man sich letztendlich auf Madeira genötigt, selbst Zucker aus Brasilien einzuführen und ihn, als Madeira-Zucker deklariert, weiter zu exportieren. Auch aus Brasilien kam der Zucker in Holzkisten, diesmal aus echtem Mahagoni. Das bis dahin unbekannte helle, sehr widerstandsfähige Holz gefiel den Madeirensern, und so begannen die Tischler schon bald, aus den Zuckerkisten Möbel zu fertigen. Im gesamten 17. Jh. entstanden Schränke und Truhen mit dem seltsamen Namen Zuckerkistenmöbel. Sie waren nüchtern, ja streng gehalten, wie es zu dieser Zeit typisch für das bäuerliche Mobiliar in Portugal war. Oft wurden die Türen im Kassettenstil verziert und mit schweren, Kreuzen oder Blüten nachgeformten Eisenbeschlägen versehen. Bald verselbständigte sich der Stil, und man fertigte „Zuckerkistenmöbel" auch aus heimischen Hölzern. Mit den englischen Kaufleuten kam um das Jahr 1700 ein neuer Wohnstil nach Madeira und damit das Aus für die rustikalen Möbel. Heute sind sie wertvolle Sammlerstücke, die man noch erstaunlich häufig in den Museen und Privathäusern Madeiras findet, beispielsweise in der Quinta das Cruzes (s. S. 44).

KULTUR GESTERN UND HEUTE

Feste – Veranstaltungen

Da verschiedene Feste variable Daten haben, ist es ratsam, sich in den Fremdenverkehrsbüros der einzelnen Gemeinden nach dem exakten Termin zu erkundigen.

Februar: *Festa dos Compadres* (Gevattern-Fest), eine Woche vor Karneval in Santana; Puppenspiel mit ironischen Anspielungen auf die Lokalpolitik. *Karneval* dauert vier Tage, Höhepunkt ist der farbenprächtige Umzug am Sonntag in Funchal.

April: *Blumenfest* Ende April in Funchal; Umzug mit Parade der Blumenwagen und Folklore zum Frühlingsbeginn.

Juni: *Fest der Schafschur* auf Paúl da Serra. *Bach-Festival* in Funchal: klassische Musik im Theater und in Kirchen. *Fest zu Ehren des hl. Petrus*, am 29. Juni in Ribeira Brava mit Bootsprozession.

August: *Mariä Himmelfahrt*, 15. August in Monte; große Wallfahrt und wichtigstes Volksfest Madeiras.

September: *Festa do Senhor Bom Jesus*, erster Sonntag in Ponta Delgada. *Weinfest*, Mitte September; in Funchal und Estreito de Câmara de Lobos. *Festa Nossa Senhora da Piedade*, drittes Wochenende im September in Caniçal; Bootsprozession.

Oktober: *Festa do Senhor dos Milagres*, 8./9. Oktober in Machico; nächtliche Prozession zu Ehren des Wundertätigen Christus.

November: *Kastanienfest*, 1. November in Curral das Freiras.

Dezember/Januar: *Weihnachten*, vom 8. Dezember bis 6. Januar überall farbenprächtige Beleuchtung. *Silvester*, berühmtes Feuerwerk in Funchal.

Die für Portugal typische Fliesenkunst, von König Manuel I. aus Spanien eingeführt, erreichte ihren Höhepunkt. *Azulejos* (Fliesenbilder), meist in den Farben Blau und Weiß, bedeckten damals die Kirchenwände. Zu Anfang des 20. Jhs. lebte die Fliesenkunst noch einmal auf: Man verzierte Hauswände und -eingänge mit Azulejos, die Szenen aus dem täglichen Leben zeigten, oder nahm Elemente aktueller Stilrichtungen (Jugendstil, Art déco) auf. Die Fassaden von Banken, Hotels und öffentlichen Gebäuden werden heute wieder gerne mit postmodernen Fliesen versehen. Ungebrochen blieb die Tradition, Heiligenbilder aus Fliesen über den Türen von Privathäusern anzubringen, eine Sitte, die man vor allem bei heimgekehrten Emigranten findet.

Malerei

Auf dem Gebiet der Malerei hat Madeira wenig Eigenständiges zu bieten. Die Insel verfügt aber über eine der vollständigsten Sammlungen flämischer Malerei des 15. und 16. Jhs. Adlige und wohlhabende Händler ließen die Gemälde in Flandern anfertigen und bezahlten sie mit Zucker. Um die moderne Malerei bemüht sich ein Kulturverein (Cine Forum de Funchal) mit Ausstellungen im Forum des Theaters. Auch in den Fremdenverkehrsämtern von Funchal und Machico sowie in der Galerie „Porta 33" in Funchal, Rua do Quebra-Costas 33, sind hin und wieder Werke zeitgenössischer Künstler zu sehen. Die jungen madeirensischen Maler Maria da Paz Nóbrega und Carlos Luz sind einige der wenigen, die Ansichten der Insel festhalten. Interessenten sollten sich in der Kunstgalerie **Funchália**, Lido-Einkaufszentrum, in Funchal oder in der Kunstgalerie **Falkenstern Fine Art** in Caniço de Baixo, Casa R61/62, umsehen.

In Santana sind die inseltypischen strohgedeckten Holzhäuser vielfach noch bewohnt

Musik

Hin und wieder werden im Theater von Funchal klassische Konzerte gegeben, vor allem während des Bach-Festivals im Juni. Der berühmte portugiesische *Fado* stammt zwar vom Festland, ist aber auch auf Madeira verbreitet. Es gibt regelrechte Fado-Kneipen, auch die Nachtklubs der Hotels veranstalten Fado-Abende. War der Fado noch bis vor einigen Jahren dafür bekannt, Trauer und Schmerz der portugiesischen Seele, die sogenannte *Saudade*, auszudrücken, so hat er in jüngster Zeit heitere brasilianische Einflüsse aufgenommen – Folge des regen Kulturimports aus der ehemaligen Kolonie. Folklore kann man bei jedem Volksfest wie auch bei organisierten Vorstellungen erleben (s. S. 15). Zur musikalischen Begleitung dienen verschiedene Saiteninstrumente, wie beispielsweise die mit der Gitarre verwandte *Braguinha*. Eine Besonderheit ist der auch als Mitbringsel beliebte *Brinqinho*. Die Töne dieses mit einem Schellenbaum vergleichbaren Instruments erzeugen Kastagnetten und kleine Glocken, die auf den in Tracht gekleideten Puppen angebracht sind.

Kunsthandwerk

Begehrteste Produkte sind die *Madeira-Stickereien*, deren Herstellung man in einer der kleinen Fabriken in Funchal (s. S. 16, 17, 41) verfolgen kann. Eine Besonderheit ist die Gobelinstickerei, die im 16. Jh. aus Flandern eingeführt worden sein soll. Heute imitiert man französische Vorbilder der Barockzeit. Gestickt wird mit Wollfäden auf Leinen. So entstehen Wandteppiche oder Bezüge für Kissen und Möbel. Sehr gefragt sind auch *Korbwaren,* die in großer Zahl und Auswahl in den Werkstätten von Camacha hergestellt werden. Ihre Fertigung geht auf traditionelles, einheimisches Handwerk zurück, wurden aber durch die Initiative englischer und deutscher Geschäftsleute zu einem Industriezweig ausgebaut (vgl. S. 61).

Degenfisch und edler Madeira

Madeira ist sicherlich kein Ort für Gourmets. Jahrzehntelang haben – vorwiegend englische – Touristen die Restaurantküche geprägt. Das typische Menü fängt mit einer durchaus sättigenden Gemüse- oder Fischsuppe an. Als Hauptgang gibt es Fisch oder Fleisch mit Beilagen, wobei der Auswahl und Zubereitung des Gemüses leider von vielen Restaurantköchen wenig Beachtung geschenkt wird, obwohl täglich in den Markthallen eine Fülle frischer Gemüsesorten angeboten wird. Salat muß man meist extra bestellen, er gilt als Vorspeise. Die Desserts fallen, wie allgemein in Portugal üblich, recht üppig aus. Es gibt die verschiedensten Torten und Puddings (oft sehr süß), aber auch Früchte, Obstsalat und Eis.

Mißtrauisch werden Touristen oft, wenn auf der Rechnung ein Posten für Brot und Butter erscheint. Auch in Lokalen, wo Einheimische verkehren, ist es üblich, Brot und Butter auf den Tisch zu stellen, um den ersten Hunger zu stillen. Wundern Sie sich nicht, wenn Sie in einem besseren Lokal an einem komplett gedeckten Tisch Platz genommen haben und der Kellner nach der Bestellung beginnt, alles Überflüssige abzuräumen. Dies gehört auf Madeira einfach zum guten Ton.

Beim Bezahlen ist zu beachten, daß, egal wie viele Leute am Tisch sitzen, der Kellner unweigerlich eine Gesamtrechnung für alle bringt. Möchte man getrennt bezahlen, so sollte man dies schon bei der Bestellung sagen. Das Bedienungsgeld ist in der Rechnung enthalten. Dennoch ist es üblich, bei freundlichem Service ein zusätzliches Trinkgeld zu geben. Die Einheimischen begnügen sich dabei mit ca. 20 Escudos

DEGENFISCH UND EDLER MADEIRA

pro Person, von Touristen wird etwas mehr erwartet. Das Aufrunden der Rechnung ist nicht üblich, und dazu besteht auch kaum Gelegenheit, denn der Kellner trägt meist keinen Geldbeutel bei sich. Er geht mit der bezahlten Rechnung zur Kasse und bringt von dort das Wechselgeld auf einem kleinen Teller mit. Auf diesem läßt man dann beim Weggehen das Trinkgeld liegen.

Schwarze Degenfische

Spezialitäten

Bekannt ist Madeira für seinen *espetada*, einen gigantischen Rindfleischspieß, der auf Volksfesten und auch sonst bei jeder erdenklichen Gelegenheit gegessen wird. In den Ausflugslokalen auf dem Land werden die Spieße vor den Augen der Gäste im offenen Feuer gebraten und dann an der Decke über dem Tisch aufgehängt. Jeder

Frisches Brot aus Süßkartoffeln

Degenfisch aus der Tiefsee

Ein Hauch von Geheimnis umgibt den Schwarzen Degenfisch *(espada)*, der außer um Madeira fast nirgendwo auf der Welt gefangen wird. Und hier ist er eine Spezialität der Fischer von Câmara de Lobos, die des Nachts mit ihren kleinen offenen Booten, den Espadeiros, ein paar Kilometer vor die Küste hinausfahren und dort an Bojen ihre schier endlosen Angelleinen versenken. Ein bis zwei Kilometer lang ist so eine Leine, und der untere Teil ist dicht mit kurzen Schnüren besetzt, an deren Enden sich die Haken befinden. Als Köder verwendet man Tintenfisch oder Makrele. Man sagt dem Degenfisch nach, er lebe in fast 2000 m Wassertiefe. Doch kommt er des Nachts auf immerhin 600 m hinauf, und am nächsten Morgen können die Fischer mit viel Glück über hundert dieser Tiere heraufholen – eine mühselige Sache, denn das Einholen der Angelleine wird oft noch von Hand verrichtet und kann mehrere Stunden dauern. Mitte des vorigen Jahrhunderts wurde der Fisch mit dem langen schlanken Körper und den großen Kulleraugen eher zufällig entdeckt, als ein Fischer eine besonders lange Leine ausgeworfen hatte. Rasch entwickelte sich die Espada zum wichtigsten Speisefisch der Madeirenser, doch wußte man bis vor kurzem wenig über seine Lebensweise. Auf den Tischen der Fischverkäufer präsentiert er sich glänzend schwarz. Groß war daher das Erstaunen, als man bei der Erforschung des Lebensraumes der Degenfische feststellte, daß sie in ihrer natürlichen Umgebung bunt in allen Farben glitzern. Beim raschen Heraufziehen mit der Angel überleben sie den Druckunterschied nicht und ändern ganz plötzlich ihr Aussehen. Der weltweiten Überfischung zum Trotz: Die Vorkommen des Schwarzen Degenfisches bei Madeira scheinen unerschöpflich. Jahr für Jahr ziehen die Fischer etwa 1500 Tonnen des begehrten Speisefisches aus dem Wasser.

DEGENFISCH UND EDLER MADEIRA

streift so viel Fleisch ab, wie er mag, gegessen wird so lange, bis alle mehr als satt sind. Möchte man ein typisch einheimisches Gericht probieren, so sollte man nach *cabra* (Zicklein) suchen, das vor allem um die Osterzeit angeboten wird. Stundenlang mit allerlei Gewürzen im Ofen geschmort ist es eine delikate Sache.

Fisch sollte man in den Küstenorten probieren, wo er von vielen Lokalen fangfrisch angeboten wird. Unweigerlich wird man auf der Speisekarte den *espada* (Degenfisch) finden, der als Filet im Teigmantel mit Banane als Spezialität gilt. Fast ebenso unvermeidlich ist der *atún* (Thunfisch), andere seltenere Fischarten kommen je nach Saison hinzu. Man wählt sie aus der Kühltheke oder vom Tablett, das der Kellner am Tisch herumzeigt, und läßt sie grillen oder braten. Wenn Sie Gambas oder Langusten mögen, so sollten Sie wissen, daß diese (frisch oder tiefgefroren) importiert werden müssen. In einem guten Fischlokal sollte man einmal die *caldeirada de peixe,* den würzigen portugiesischen Fischeintopf mit Kartoffeln, Tomaten und Zwiebeln, probieren. Er ist nicht ganz billig wegen der vielen edlen Fische.

Inseltypische Beilagen sind *batata doce* (Süßkartoffeln), in der Schale gekocht, oder auch *milho frito,* eine mit Kräutern gewürzte Polenta, in Würfel geschnitten und fritiert. Wenn Sie unterwegs einen Stand sehen, an dem Frauen dampfende Brotfladen backen, sollten Sie zugreifen. Es handelt sich meist um *bolo de caco,* ein Brot, dessen Teig u. a. aus Süßkartoffeln besteht und das, noch warm mit Knoblauchbutter bestrichen, hervorragend schmeckt.

Getränke

Zum Essen trinkt man *vinho* (Wein) und *agua sem gas* (Mineralwasser) oder *agua con gas* (mit Kohlensäure). Den herben, meist roten Landwein der Insel, der glasweise ausgeschenkt wird, gibt es nur in einfachen ländlichen Lokalen. Bessere Restaurants haben eine Weinkarte, auf der ausschließlich Weine vom portugiesischen Festland zu finden sind: Ein spritziger junger Wein mit niedrigem Alkoholgehalt ist der *vinho verde*. *Vinho branco* (Weißwein) und *vinho tinto* (Rotwein) sind meist trocken, und man kann bei der Auswahl nicht viel falsch machen. Wer liebliche Weine bevorzugt, ist mit dem *rosado* (Rosé) gut bedient. Versuche, auch auf Madeira einen Tischwein gehobener Qualität herzustellen, stecken noch in den Kinderschuhen.

Der eigentliche *Madeira-Wein* wird nicht zum Essen getrunken, sondern als Aperitif oder Dessertwein. Durch Zugabe von Branntwein, was einst der Konservierung diente, erreicht er Alkoholgehalte von 17 Vol.-% und mehr. Er ähnelt Sherry und Portwein. Es gibt ihn in vier unterschiedlichen Geschmacksrichtungen. Diese entsprachen früher den vier edlen Rebsorten Malvasia (süß), Boal (halbsüß), Verdelho (halbtrocken) und Sercial (trocken). Doch werden diese nur noch selten angebaut und sind nur in sehr teuren Weinen zu finden. Heute verwendet man fast ausschließlich die ertragreiche, wenngleich qualitativ nicht so hoch eingeschätzte Rebsorte Tinta Mola Negre.

Cerveja (Bier) trinkt man selten zum Essen, dafür aber öfter zwischendurch. Alkoholfreies Bier erlebt zur Zeit einen Siegeszug, da auch auf Madeira die Straßenkontrollen häufiger geworden sind. Spirituosen, darunter alle international bekannten Marken, findet man in erstaunlich großer Auswahl auch in der einfachsten Bar.

Eine einheimische Spezialität ist der *aguardente de cana* (Zuckerrohrschnaps), der meist als *poncha* (gemixt mit frisch gepreßtem Zitronensaft und Honig) angeboten wird.

Das Essen beschließen die Madeirenser mit einem Kaffee. Dieser ähnelt dem italienischen Espresso und wird *bica* genannt. Wer ihn nicht so stark möchte, wählt einen *chinesa* (Milchkaffee).

Urlaub aktiv

Süffiger Madeira für jeden Geschmack: von süß bis trocken

Wandern: Madeira ist die ideale Wanderinsel. Levada-Wege, nahezu ohne Gefälle entlang der schmalen Bewässerungsrinnen angelegt, dazu die alten Verbindungswege von Ort zu Ort, die von der Bevölkerung noch vor wenigen Jahren sehr rege benutzt wurden, und nicht zuletzt die einsamen Bergpfade der Ziegenhirten erschließen nahezu jeden Winkel der Insel. Man hat die Qual der Wahl zwischen leichten Wanderungen inmitten unzähliger Terrassenfelder der Kulturlandschaft oder durch schattige Urwälder sowie anspruchsvollen Wegen durch die bizarre Bergwelt, an schwindelerregenden Levadas oder auf abenteuerlichen Küstenpfaden. Viele Routen führen durch Tunnels, so daß eine Taschenlampe und wasserfeste Schuhe zur Ausrüstung gehören sollten. Für die meisten Wege sind Trittsicherheit und Schwindelfreiheit Voraussetzung.

Wer auf eigene Faust wandern will, kann sich auf die Vorschläge in den Wanderführern stützen, die sowohl in Deutschland als auch auf Madeira im Buchhandel erhältlich sind. Als Transportmittel bieten sich Linienbus, Mietwagen oder Taxi an, wobei Taxifahrer oft auch bereit sind, die Führung durch schwieriges Gelände zu übernehmen. Einige Reisebüros in Funchal organisieren Bergwanderungen mit Führer (Auskünfte über das Fremdenverkehrsbüro). Einwöchige Wandertouren bietet die Alpinschule Innsbruck an. Wander-Studienreisen kann man über mehrere deutsche Reiseveranstalter buchen.

Madeira bietet herrliche Tauchreviere

Baden: Madeira besitzt, abgesehen von der winzigen *Prainha* an der Halbinsel São Lourenço, keine Sandstrände zum Baden. Dafür gibt es in

Für Levada-Wanderungen muß man bisweilen schwindelfrei sein

beinahe jedem Küstenort Felsbadeanlagen mit künstlich angelegten Liegeflächen. Gebadet wird direkt im Meer, das über Treppen zu erreichen ist, oder in Meerwasserpools, in die die Brandung hineinschwappt. Besonders schön ist die Anlage von Porto Moniz.

Als ausgesprochene Badeinsel präsentiert sich dagegen Porto Santo mit seinem 8 km langen goldgelben, noch fast unverbauten Sandstrand.

Tauchen: Madeira gilt als gutes Tauchrevier. Die Tauchbasen in Funchal, Caniço de Baixo und auf Porto Santo bieten Kurse an, verleihen Ausrüstung und führen Tauchfahrten durch.

Hochseeangeln: Dazu gibt es Gelegenheit in Funchal und Porto Santo. Tagestouren können in Reisebüros oder am Jachthafen von Funchal gebucht werden. Man fängt Schwertfisch, Thunfisch und diverse Haiarten.

Segeln: Jollen kann man in den Sommermonaten bei Aquasports im Lido-Schwimmbad in Funchal mieten. Mitsegelgelegenheiten auf alten restaurierten Segelschiffen werden im Jachthafen von Funchal angeboten. Wer mit dem eigenen Boot nach Madeira kommt, findet in Funchal und auf Porto Santo die Annehmlichkeiten eines geschützten Jachthafens.

Golf: Auf der Insel gibt es zwei Golfplätze. Die neue Anlage Palheiro Golf (☏ 79 21 16) liegt am Stadtrand von Funchal und verfügt über 18 Löcher. Der Golfplatz von Santo da Serra (☏ 55 23 21) soll von 18 auf 27 Löcher erweitert werden. Auf beiden Plätzen dürfen Gäste gegen Gebühr spielen und können eine Ausrüstung leihen.

Reiten: Im Centro Hípico da Madeira bei Terreiro da Luta können sich Gäste der Dorissol-Hotelkette im Hotel Estrelícia (☏ 76 51 31) für Reitstunden anmelden. Ein Transfer zum Reitplatz wird von dort auf Wunsch organisiert. Auf Porto Santo kann man in der Quinta dos Profetas in Ponta Pferde für Ausritte mieten (☏ 98 31 65).

Reisewege und Verkehrsmittel

Anreise

Mit der portugiesischen Fluggesellschaft TAP ist Madeira von Frankfurt/M., Zürich und Genf im Direktflug, von München, Hamburg, Berlin, Düsseldorf, Basel und Wien über Lissabon zu erreichen. Der Linienflug Frankfurt/M.–Funchal kostet hin und zurück ca. 1200 DM (Sommer 1996).

Die Ferienflieger der großen deutschen Charterfluggesellschaften (LTU, Condor, Hapag Lloyd) sind preiswerter (ca. 750 DM) und in den meisten Fällen auch bequemer, da von zahlreichen deutschen Flughäfen abgeflogen wird (Frankfurt/Main, München, Nürnberg Stuttgart, Düsseldorf, Hannover, Hamburg, Berlin, Leipzig). Von Wien fliegen Lauda-Air und SATA nach Funchal, die SATA außerdem von Innsbruck und Genf.

Pauschalangebote für einen zweiwöchigen Aufenthalt gibt es (im Doppelzimmer mit Frühstück) je nach Reiseveranstalter, Hotel und Saison für 1000 bis 4000 DM.

Unterwegs auf Madeira

Verbindungen nach Porto Santo: Um Porto Santo kennenzulernen, kann man auf Madeira bei einem der örtlichen Reiseveranstalter einen Tagesausflug buchen (Flug oder Fahrt mit dem Fährschiff und Bus- bzw. Taxirundfahrt auf Porto Santo). Flugverbindungen von Funchal nach Porto Santo bestehen mehrmals täglich mit *LAR* (Lineas Aéreas Regionais). Die Kosten liegen für Hin- und Rückflug (15 Min.) bei ca. 140 DM. Rechtzeitige Vorausbuchung ist zu empfehlen. Auskünfte erteilt die *TAP*, Avenida das Comu-

REISEWEGE UND VERKEHRSMITTEL

nidades Madeirenses 8–10, ☎ 23 01 51. Ein Schnellboot verkehrt ein- bis zweimal täglich ab Funchal nach Porto Santo. Auch hier ist im Sommer und an Wochenenden Vorausbuchung zu empfehlen. Hin- und Rückfahrt kosten ca. 80 DM. Dauer der Überfahrt: 1,5 Stunden.

Öffentlicher Verkehr: Das *Linienbusnetz* rund um Funchal ist sehr dicht. Auch viele andere Orte auf Madeira sowie auf Porto Santo sind per Bus erreichbar. Fahrpläne erhält man in den Touristen-Informationsbüros und in vielen Hotels.

Auch so kam man weiter...
(um 1935)

Taxifahren ist auf Madeira relativ preiswert. Innerhalb des Stadtgebietes von Funchal wird per Taxameter abgerechnet. Bei Überlandtouren gelten Richtpreise, nach denen man sich zuvor an der Hotelrezeption oder im Touristen-Informationsbüro erkundigen sollte. Eine Inselrundfahrt auf Madeira kommt auf ca. 140 DM, auf Porto Santo (3 Std.) auf rund 45 DM. Die Fahrt vom Flughafen in die Hotelzone Funchals kostet etwa 35 DM.

Man bekommt *Mietwagen* ab ca. 60 DM pro Tag (zuzüglich Benzin). Ihr Zustand ist im allgemeinen gut. Verlangt wird der nationale Führerschein, der Fahrer muß mindestens 21 Jahre alt sein. Der Abschluß einer Vollkaskoversicherung ist ratsam.

Das *Autofahren* auf Madeira erfordert wegen der vielen Kurven und Engstellen große Konzentration. Als Höchstgeschwindigkeit sind innerorts 40 km/h, auf Landstraßen 90 km/h, auf der Via Rápida 100 km/h erlaubt. Superbenzin kostet 153 Esc, Diesel 100 Esc.

Organisierte Busausflüge werden in großer Zahl von örtlichen Reisebüros angeboten.

Das heutige Transportwesen
ist gut organisiert

Polyglott **29**

Unterkunft

Ganz allgemein gilt: Pauschalangebote sind meist die günstigere Urlaubsvariante. Bucht man individuell, so zahlt man in den Hotels den vollen Listenpreis, während die Reiseveranstalter einen Teil ihres Preisnachlasses an die Kunden weitergeben. Möchte man dennoch auf eigene Faust reisen, so sollte man unbedingt rechtzeitig ein Quartier buchen. In Hochsaisonzeiten (Weihnachten, Ostern, August) ist manchmal auf der ganzen Insel kein Zimmer zu bekommen. Plant man eine Rundreise mit Aufenthalten in verschiedenen Orten, so sollte man keinesfalls auf gut Glück in die kleineren Inselorte fahren, denn dort sind die wenigen Zimmer schnell belegt. Package-Touren, wie sie von einigen Reiseveranstaltern mit Übernachtungen in verschiedenen Inselorten und einem Mietwagen angeboten werden, können eine interessante Alternative sein.

Hotels

Die portugiesische **Hotelklassifizierung** reicht von einem bis fünf Sternen. Ein paar einfache Hotels mit einem oder zwei Sternen findet man im Stadtgebiet von Funchal. Drei- und Viersternehotels sind Häuser der Mittelklasse. Deutsche Reiseveranstalter bieten in der Regel nur die komfortableren Häuser dieser Kategorie an. Fünfsternehotels orientieren sich an gehobenen Ansprüchen. Hier öffnet der livrierte Portier die Autotür, wird der Gast zum Sektempfang beim Hoteldirektor geladen. Häuser der Mittel- und Luxusklasse findet man vor allem im Hotelviertel von Funchal, aber auch in Caniço, Machico, São Vicente, Santo da Serra, Ribeira Brava und auf Porto Santo.

Die **Preise** schwanken je nach Lage und Ausstattung der Zimmer auch innerhalb der einzelnen Kategorien stark. Günstigstenfalls zahlt man für ein Doppelzimmer mit Bad und Frühstück im Dreisternehotel ca. 6000 Esc (ⓢ), im Viersternehotel zwischen 10 000 und 25 000 Esc (ⓢ). Für ein Doppelzimmer im Fünfsternehotel muß man mindestens 18 000 Esc auf den Tisch legen (ⓢ). Einzelzimmer sind beschränkt verfügbar und relativ teuer.

Appartements

Viele Hotels haben ihre Zimmer ganz oder teilweise als Studio eingerichtet (mit Kitchenette und Eßtisch) und nennen sich dann oft Aparthotel. Sie bieten den üblichen Hotelservice und sind in Kategorien von einem bis vier Sternen eingeteilt. Regelrechte Appartementanlagen gibt es in Funchal (Pico dos Barcelos) und Caniço (Galosol u. a.). Auf die eigene Kochgelegenheit wird man auf Madeira weniger aus Gründen der Kostenersparnis Wert legen (die Restaurantpreise sind noch moderat) als vielmehr dann, wenn man z. B. bei einem längeren Aufenthalt oder aus gesundheitlichen Gründen nicht auf die Hotel- oder Restaurantküche angewiesen sein möchte. Wohnt man in Funchal, so ist der Einkauf von Lebensmitteln kein Problem. In allen anderen Orten ist das Angebot nicht so umfangreich.

Pensionen

Die einfache Pension heißt in Portugal *Pensão*, die etwas luxuriösere Variante *Residencial*. Je nach Ausstattung sind sie mit einem bis zu vier Sternen ausgezeichnet. In der Regel sind sie auf einheimisches Publikum eingestellt. Die Preise im Doppelzimmer mit Bad und Frühstück schwanken zwischen 4000 und 10 000 Esc.

Privatquartiere

Diese sind auf Madeira und Porto Santo ausgesprochene Mangelware. Durch Mundpropaganda, über Taxifahrer oder

UNTERKUNFT

beim Fremdenverkehrsamt kann man mit etwas Glück eine Adresse erhalten. Privatzimmer sind relativ preiswert (ca. 3000 Esc für das Doppelzimmer), dafür aber auch sehr einfach ausgestattet.

Restaurierte Herrenhäuser

Seit kurzem geht man auf Madeira dazu über, ehrwürdige Herrenhäuser *(Quintas),* die noch vor wenigen Jahren dem Bulldozer zum Opfer gefallen wären, zu restaurieren (hierfür stellt die EU Mittel bereit) und zu exklusiven kleinen Hotels umzubauen. Solche Häuser gibt es vor allem in Funchal sowie in und um Caniço. Einige sind über deutsche Reiseveranstalter zu buchen.

Ferienanlage in Caniço de Baixo

Berghütten

Das Netz von Übernachtungsmöglichkeiten in den Bergen ist dünn. Gut ausgestattete staatliche *Pousadas* gibt es am Pico do Arieiro und bei Serra de Agua (Vinháticos). Rechtzeitige Vorausbuchung ist zu empfehlen.

Die Regierung unterhält Berghütten in Queimadas, Ribeiro Frio, Rabaçal, an der Bica da Cana und am Pico Ruivo. Sie sind häufig von Regierungsangestellten belegt. Langfristige Vorausbuchung beim Governo Regional, Quinta Vigia, Av. do Infante, in Funchal ist erforderlich.

Hütte am Pico Ruivo

Camping

Madeira verfügt über einen Campingplatz in Porto Moniz, auf Porto Santo gibt es einen Platz direkt am Strand in Vila Baleira. In den Sommerferien zelten auf beiden Plätzen viele einheimische Familien, den Rest des Jahres sind sie ziemlich leer.

Das legendäre Reid's Hotel in Funchal

** Funchal

Zwischen Nostalgie und Moderne

Funchal ist die Hauptstadt Madeiras und zugleich mit etwa 120 000 Einwohnern (einschließlich der Vororte) auch die mit Abstand größte Agglomeration der Insel. Neun von zehn Touristen, die Madeira besuchen, verbringen ihren Urlaub dort. Funchal weist nicht nur zahlreiche Sehenswürdigkeiten auf: ehrwürdige Paläste mit schattigen Innenhöfen, Herrenhäuser, umgeben von subtropischen Parks, Kirchen und Klöster, interessante Museen. Es ist auch und vor allem eine attraktive, weitgehend ursprünglich gebliebene Stadt. Reges Treiben herrscht auf den Märkten und in den Einkaufsstraßen, emsige Betriebsamkeit rund um den Hafen. Tagsüber genießt man südländisches Flair in den kleinen Straßencafés oder auf der Strandpromenade, abends trifft man sich in den urigen Kneipen der Altstadt.

Geschichte

Die Geschichte Funchals ist fast identisch mit der von Madeira. Der Inselentdecker João Gonçalves Zarco ließ sich im Jahre 1419 zunächst in der benachbarten Bucht von Câmara de Lobos nieder. In der Bucht von Funchal, wo man den damals dort noch reichlich vorhandenen Buschwald mittels eines Feuers roden wollte, soll jahrelang ein Brand gewütet haben, den man nicht mehr unter Kontrolle bekam.

Sechs Jahre später verlegte Zarco seine Residenz nach Funchal, von wo aus er die ihm von der portugiesischen Krone anvertraute Inselhälfte regierte. 1497 vereinte König Manuel I. die beiden Lehensgebiete Funchal und Machico, alleinige Hauptstadt wurde Funchal.

Der wilde Fenchel (port.: *Funcho*) gab der Stadt ihren Namen. Die Ufer der Flüsse, die in der Bucht von Funchal ins Meer münden, waren wohl früher dicht mit Fenchel bewachsen. Er mußte aber bald ausgedehnten Zuckerrohrplantagen weichen, die den damals noch kleinen Stadtkern umgaben. Der Zuckerexport machte Funchal um das Jahr 1500 zu einer blühenden Metropole, die Kaufleute aus allen europäischen Ländern anzog. Auch der einheimische Adel bevorzugte nun ein Leben in der Stadt. Die Bewirtschaftung der oft weit entfernt von Funchal gelegenen Ländereien überließ man Pächtern. Als sich ab Mitte des 16. Jhs. der Zuckerrohranbau wegen der übermächtigen brasilianischen Konkurrenz nicht mehr lohnte, ging man zum Weinbau über. Der Handel mit Wein florierte bald ebenso wie zuvor der Zuckerexport. Seit Ende des 17. Jhs. ließen sich zahlreiche englische Weinhändler in Funchal nieder und errichteten prachtvolle Herrenhäuser am Rande des alten Stadtkerns.

In der zweiten Hälfte des 19. Jhs. führten aus Amerika eingeschleppte Schädlinge zu einer Krise im Weinbau, und viele englische Weinhändler verließen die Insel. Dies war die eigentliche Geburtsstunde des Tourismus. Während der Wintermonate vermietete man die leerstehenden Herrenhäuser an wohlhabende Ausländer, die in dem milden Klima Madeiras Krankheiten auskurieren wollten. Auch im 20. Jh. blieb Funchal zunächst ein exklusives Urlaubsziel. Die touristische Entwicklung blieb während der Zeit der Salazar-Diktatur auf ein paar wenige Luxushotels in der Hauptstadt beschränkt. Erst seit den 70er Jahren erfolgt eine – wenn auch gemäßigte – Öffnung für den Massentourismus.

Viele Blumenverkäuferinnen tragen noch die farbenfrohe alte Tracht

FUNCHAL

Stadtrundgang

Den Stadtrundgang, für den man einen Tag veranschlagen sollte, beginnt man am besten am **Cais** ❶, einem alten Anlegekai, wo früher die Passagiere der Kreuzfahrtschiffe an Land gingen. Der Cais und die angrenzende Uferpromenade sind heute die Flaniermeile von Funchal, auf der sich in den frühen Abendstunden die Stadtbewohner treffen – vorwiegend die jungen Leute –, unter der Devise: „Sehen und gesehen werden". Der Cais mit seiner zum Rondell ausgebauten Spitze ist nicht zu verfehlen. Man braucht sich nur an dem wenig seetüchtig aussehenden Segelboot zu orientieren, das, von Glühbirnen erleuchtet, hinter dem kleinen steinigen Strand von Funchal liegt, so als wäre es am Ufer gestrandet. Das Boot gehörte einst den Beatles, der jetzige Besitzer ließ es zum Restaurant ausbauen. Vom Cais überblickt man das ganze Halbrund der Bucht von Funchal, die oft mit einer Muschel verglichen wird.

Im angrenzenden *Hafen* mußten die Schiffe früher hinter einer kleinen Mole ankern, Passagiere und Waren wurden an Land gerudert. Erst vor wenigen Jahrzehnten entstand die heutige Hafenanlage, deren Kaimauer viel zu groß geraten scheint, denn von der einstigen Bedeutung als Umschlagplatz auf dem Weg nach Amerika und Asien hat Funchal mittlerweile einiges eingebüßt. Versorgungsschiffe, die Waren auf die Insel bringen und mit Bananen beladen zurückfahren, legen hier an, dazu ein paar Fischerboote und die Fähre, die zur Nachbarinsel Porto Santo hinüberfährt. Und hin und wieder auch ein Kreuzfahrtschiff, besonders zu Silvester, wenn in Funchal das berühmte Neujahrsfeuerwerk stattfindet.

Schmuckstück und Hauptattraktion des Hafens ist die **Marina** ❷, in der sich im Herbst die Transatlantiksegler vor ihrem Törn über den großen Teich versammeln. An der Mauer des Jachthafens verewigen sie sich immer wieder mit neuen bunten Bildern. Durchaus empfehlenswert sind die Fischlokale unten am Jachthafen, wenn auch die Methoden, mit denen sie um Gäste werben, etwas aufdringlich wirken mögen.

Auf der anderen Straßenseite erheben sich die palastartige Fassade der Festung *São Lourenço* und links daneben das *Theater* von Funchal. Zu diesen Gebäuden will so gar nicht der häßliche Betonbau passen, der sich daran anschließt – das *Marina Shopping Center* scheint die traditionelle Häuserzeile geradezu zu erschlagen.

Auf der Anhöhe oberhalb des Fischerhafens sieht man schon von weitem die weiße **Capela de Santa Catarina** ❸, zu

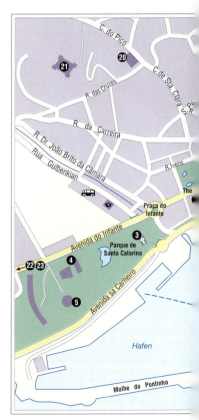

FUNCHAL

1. Cais
2. Marina (Jachthafen)
3. Capela de Santa Catarina
4. Quinta Vigia
5. Casino
6. Jardim Municipal
7. Madeira Wine Company
8. Handelskammer
9. Fortaleza de São Lourenço
10. Sé (Kathedrale)
11. Alfândega Velha (Altes Zollhaus)
12. Mercado dos Lavradores
13. Fortaleza de São Tiago
14. Igreja do Socorro
15. Stickereifabrik Patricio & Gouveia
16. Museu Henrique e Francisco Franco
17. Rathaus
18. Jesuitenkolleg
19. Museu de Arte Sacra
20. Quinta das Cruzes
21. Fortaleza do Pico
22. Quinta Magnólia
23. Reid's Hotel

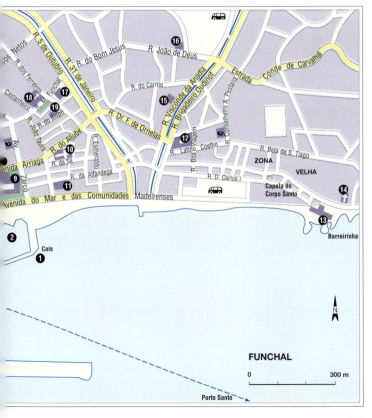

FUNCHAL

der Treppenstufen hinaufführen. Sie ist der hl. Katharina geweiht und steht angeblich an der Stelle, an der *Constança de Almeida*, die Frau des Inselentdeckers Zarco, schon kurz nach der Besiedlung Madeiras eine erste Kapelle errichten ließ. Aus dieser Zeit ist allerdings nichts erhalten geblieben. Der heutige Bau stammt aus dem Barock, nur das Weihwasserbecken neben dem Eingang dürfte bereits um das Jahr 1500 angefertigt worden sein, worauf die für den manuelinischen Stil typischen Blumenmuster hindeuten. Gleich daneben scheint *Christoph Kolumbus* (Cristovão Colombo, wie er auf Portugiesisch genannt wird) in Bronze gegossen die Aussicht über den Hafen genießen zu wollen. Kolumbus lebte vor seinen berühmten Entdeckungsreisen eine Zeitlang auf Madeira.

Im angrenzenden *Parque de Santa Catarina* muß man einfach etwas verweilen. Hier erwarten einen eine verschwenderische Blütenfülle, für die Madeira ja berühmt ist, exotische Bäume, Vogelvolieren, ein nostalgisches Café und in der Mitte auf einer riesigen Rasenfläche das *Denkmal des Sämanns* von Francisco Franco (s. S. 42).

Im westlichen Teil des Gartens schimmert zwischen den Bäumen, hinter dem nachts von zahlreichen Glühbirnen erhellten Modell einer Windmühle, ein rosafarbenes Gebäude hindurch, die **Quinta Vigia** ❹. Einen ersten Eindruck von dem herrschaftlichen Gebäude (17. Jh.) vermittelt ein Blick durch das zinnenbewehrte, stets verschlossene Eisentor, zu dem eine Freitreppe hinaufführt. Lassen Sie sich nicht von den livrierten Herren abschrecken, die den Eingang an der Avenida do Infante wie Zerberusse bewachen. Normalerweise lassen sie Neugierige anstandslos passieren, es sei denn, die Quinta Vigia wird gerade von der Regionalregierung als Gästehaus genutzt. Da in dem alten Herrenhaus mit den wunderschönen Fliesenbildern an der Veranda einige Behörden untergebracht sind, kann man werktags während der Dienststunden (Mo–Fr) den herrlichen Garten der Quinta besichtigen.

Die Fassade der Quinta Vigia ist rosa gestrichen, eine auf Madeira traditionell für herrschaftliche Häuser verwendete Farbe. Daß es sich um ein Wohnhaus reicher Leute gehandelt hat, erkennt man auch daran, daß zur Quinta eine kleine Privatkapelle gehört. Im hinteren Teil des Gartens steht ein kleiner Lusttempel. Die Damen des Hauses nahmen hier früher ihren Tee ein und überblickten währenddessen den Hafen. Die Quinta Vigia wird immer wieder mit der Kaiserin Elisabeth (Sisi) von Österreich in Verbindung gebracht, die den Winter 1860 auf Madeira verbrachte, um eine Lungentuberkulose auszukurieren. Tatsächlich waren zwar gekrönte Häupter in der Quinta zu Gast, so zum Beispiel Kaiserin Amélia von Brasilien mit ihrer Tochter, doch Sisi hat hier nie gewohnt. Die heutige Quinta Vigia hieß nämlich früher Quinta das Angústias, während das Haus, das den Namen Quinta Vigia trug, mittlerweile Bulldozern zum Opfer gefallen ist. Es war eines von insgesamt fünf Herrenhäusern, die sich einst oberhalb des Hafens erhoben. Nur die Quinta das Angústias blieb stehen, der man vielleicht aus nostalgischer Erinnerung an Kaiserin Sisi den Namen Quinta Vigia gegeben hat.

Die vier anderen Villen mußten dem **Casino** ❺ weichen, das zusammen mit dem angrenzenden Casino Park Hotel ein recht eigenwilliges Ensemble aus Beton darstellt. Der berühmte brasilianische Architekt *Oscar Niemeyer* schuf das Casino in Form einer Dornenkrone, ähnlich wie die ebenfalls von ihm entworfene Kathedrale der brasilianischen Hauptstadt. Das „Casino Park Hotel" setzte er auf Stelzen. Verständlicherweise war der Kahlschlag im Bereich der alten Quintas Anfang der 70er Jahre bei den Einheimischen heftig umstritten, und viele waren damals schockiert über den für Madeira so ganz und gar ungewöhnlichen Stil der neuerrichteten Bauten. Heute aber möchte man

FUNCHAL

das Hotel nicht mehr missen, gehört es doch mittlerweile unverwechselbar zur Silhouette von Funchal. Und manch einem erscheint es sogar als eine Wohltat für das Auge, verglichen mit so mancher architektonischen Verirrung jüngerer Jahre.

Wenden wir uns wieder stadteinwärts. Inmitten der **Praça do Infante** plätschert das Wasser des Springbrunnens rund um eine Weltkugel. Der namengebende Infante, also ein portugiesischer Prinz, thront am Rande des Platzes, in Bronze gegossen. Prinz Heinrich der Seefahrer trägt die Tracht der arabischen Gelehrten, er selbst ist ja nur einmal in seinem Leben zur See gefahren. Doch förderte er die portugiesischen Entdeckungsfahrten, deren erstes Ergebnis 1419 die Inbesitznahme Madeiras war. Palisanderbäume bilden hier eine prachtvolle Allee. Ende April hüllen sie sich in ihr blauviolettes Blütenkleid, noch bevor die Blätter sprießen.

Der Hafen von Funchal

Das moderne Casino

Nicht weit entfernt liegt linker Hand ein weiterer sehenswerter Park, der **Jardim Municipal** ❻. Einst stand hier ein Franziskanerkloster, dessen Ruinen Ende des vorigen Jahrhunderts endgültig für die Anlage des Stadtgartens abgerissen wurden. Tropische Pflanzen, die man in Europa aus Gewächshäusern kennt, wie Palmfarne, riesige Korallenbäume mit ihren roten Blüten, mexikanische Schraubenbäume, majestätische Araukarien und der Kapokbaum mit seinen baumwollähnlichen Früchten, gedeihen hier bestens im Freien. Auf den schattigen Parkbänken verweilen die Einheimischen, um in Ruhe ihre Zeitung zu lesen oder sich einfach auszuruhen. Ein Gartencafé lädt zu einer Rast ein.

Quinta Vigia

Nebenan steht das Gebäude der **Madeira Wine Company** ❼. Hier kann man den Madeira-Wein nicht nur probieren und kaufen, sondern auch an einer einstündigen

Stadtansicht um 1890

Polyglott **37**

FUNCHAL

Führung durch den ehrwürdigen Weinkeller teilnehmen, in dem ständig rund 10 000 Fässer lagern (Mo–Fr 10.30 und 15.30 Uhr, Sa 11 Uhr). In der ersten Hälfte des 20. Jhs. schlossen sich mehrere bekannte Weinproduzenten Madeiras, darunter alle englischen Winzer, zur Madeira Wine Company zusammen, über die heute etwa 50 % des Weinexports läuft.

In der **Handelskammer** ❽, gegenüber vom Stadtgarten, war um die Jahrhundertwende das „Café Ritz" untergebracht, aus dieser Zeit stammen Stuckdekor und Fliesenbilder. Die Bilder zeigen idyllische Szenen aus der Vergangenheit der Insel: reiche Leute, die sich in Hängematten auf die Berggipfel tragen ließen, die alte Zahnradbahn, die nach Monte verkehrte, von wo aus man mit dem Korbschlitten zu Tal fuhr, ankernde Schiffe im Hafen, Korbflechter, Stickerinnen und der ehrwürdigen Ochsenschlitten – früher ein wichtiges Verkehrsmittel in Funchal, das Ende der 70er Jahre endgültig dem Autoverkehr weichen mußte.

Die gleich angrenzenden wuchtigen, Mauern ohne jedes Fenster gehören zur **Fortaleza de São Lourenço** ❾. Über dem Eingang prangt die Figur des namengebenden Heiligen. Auch das Schiff, mit dem der Entdecker *Zarco* nach Madeira kam, trug den Namen des hl. Lorenz. Ein Denkmal für Zarco, von dem einheimischen Bildhauer *Francisco Franco* (s. S. 42) geschaffen, erhebt sich nahebei.

In der Festung arbeitet noch heute eine Militärbehörde. Nur das Gewölbe im Inneren der Nordbastion ist für Besucher zugänglich. Dort veranschaulichen Bilder und Dokumente die Geschichte des Forts. ◔ tgl. 10–12, 14 bis 18 Uhr.

Um einen Blick auf den Südostturm der Festung zu werfen, geht man auf der angrenzenden Straße ein paar Schritte bergab, vorbei an den grünen Hütten der Wachsoldaten. Dieser ist der älteste Teil des Gebäudes. Er wurde noch unter König Manuel I., der den Bau des Forts 1513 in Auftrag gegeben hatte, errichtet. Zu erkennen ist dies an den königlichen Insignien, die die Flanke des Turms zieren: über dem portugiesischen Wappen die Krone und das Kreuz des Christusordens, dessen Großmeister der König in Personalunion war, an den Seiten zwei Armillarsphären. Bis ins 17. Jh. dienten diese Kugeln mit konzentrischen, teilweise beweglichen Ringen zur Darstellung der Haupthimmelskreise. Für die Portugiesen wurden sie im 15. Jh. zum Symbol der Entdeckungsfahrten schlechthin.

Die Festung São Lourenço hat ihre eigentliche Funktion nie richtig erfüllt. Der erste, noch recht einfache Wehrturm von 1540 war nur zum Meer hin mit Kanonen bestückt. Französische Korsaren nahmen ihn 1566 von der Landseite her ein, ohne auf ernsthaften Widerstand zu stoßen (s. S. 20). Daraufhin ließ König Sebastião den heutigen Bau nach Plänen italienischer Militärarchitekten errichten. Im 18./19. Jh. wurde das Innere zum Palast umgestaltet, in dem die Inselgouverneure residierten. Aus dieser Zeit stammt die repräsentative Fassade an der Meerseite der Festung.

Am Denkmal für João Gonçalves Zarco beginnt das Zentrum von Funchal. In den Seitenstraßen reihen sich Souvenirgeschäfte, die vor allem Stickereiwaren anbieten.

Die Hauptstraße führt genau auf die ✱ **Sé** (Kathedrale) ❿ zu. Sie ist eines der wenigen Bauwerke im manuelinischen Stil, die in Funchal erhalten blieben. 1514 konnte der Bau, den König Manuel I. 21 Jahre zuvor persönlich in Auftrag gegeben hatte, fertiggestellt werden.

Schlicht ist die Fassade, die Natursteinfront des Mittelschiffs nur unterbrochen durch das majestätische Portal mit Steinmetzverzierungen in Rankenform, darüber eine prächtige Fensterrosette. Den Giebel bekrönt das Kreuz des Christusordens. Es lohnt sich, einen

Blick auf die Apsis der Kirche zu werfen, mit ihren gedrechselten Türmchen und der eigenwillig verschnörkelten Brüstung, auf der wiederum zahlreiche Kreuze des Christusordens sitzen. Der quadratische Turm trägt ein spitzes Dach, das in der Sonne vielfarbig glitzert, da es mit kleinen, geometrisch angeordneten Fliesen gedeckt ist.

Typisches Azulejobild

Das Innere der Kathedrale ist, wie in den meisten portugiesischen Kirchen, dunkel. Nur zu Gottesdiensten wird die Beleuchtung eingeschaltet. Ursprünglich war die Kirche sehr schlicht gehalten. Spitzbögen trennen das schmale, hohe Hauptschiff von den Seitenschiffen. Die aufwendig in Holz geschnitzten und üppig mit Blattgold belegten Altäre kamen erst in der Barockzeit hinzu. Aber auch von der ursprünglichen Kircheneinrichtung sind noch einige wertvolle Stücke erhalten. Die Holzdecke wurde der Mode der damaligen Zeit entsprechend im Mudéjarstil von Hand geschnitzt und mit Elfenbeinintarsien versehen. Bis heute hat sie die Zeit fast unbeschadet überdauert, denn sie wurde aus dem Holz der sogenannten Madeira-Zeder gefertigt, einer einheimischen Wacholderart, die äußerst widerstandsfähig gegen Insektenfraß ist. Auch noch aus dem 16. Jh. stammt das Chorgestühl – in Blau gehalten und mit Gold verziert. Es wurde in Flandern geschnitzt und nach Madeira exportiert. Links neben dem Altar fallen zwei wandfüllende Fliesenbilder im Stil des Barock auf. Zur Linken ist in Blau-Weiß eine Szene aus Bethlehem dargestellt, zur Rechten der Erzengel Michael.

Konstruktion eines Weinfasses

Einen Abstecher wert ist die *Rua João Tavira* gleich links vor der Kathedrale, die erst vor wenigen Jahren in eine Fußgängerzone umgewandelt wurde. Phantasievolle Pflastermosaiken in den Farben Weiß und Schwarz zeigen u.a. eine Karavelle mit ihren zwei Masten und den Segeln, die das Kreuz des

Die Kathedrale von Funchal

FUNCHAL

Christusordens tragen. Mit derartigen Schiffen unternahmen die Portugiesen ihre Entdeckungsfahrten. Ein paar Schritte weiter ist die Kompaßrose zu sehen, im oberen Teil der Straße ein Ochsenschlitten, der ein Weinfaß hinter sich herzieht, dann ein Mann in der typischen Tracht der Madeirenser mit Pluderhosen und Lederstiefeln, dazu die *carapuça,* die kleine Zipfelmütze. Auch Hängemattenträger sind dargestellt, die mühselig einen Kranken über Stock und Stein transportieren.

Wenden Sie sich nun von der Kathedrale nach rechts zum Hafen, wo die Fußgängerzone von Straßencafés gesäumt wird.

Zur Linken, kurz vor der Uferstraße, erhebt sich die **Alfândega Velha** (Altes Zollhaus) ⓫. Das kleine Portal in der *Rua da Alfândega,* mit seinen verschnörkelten Steinmetzverzierungen und dem portugiesischen Wappen über der Tür, stammt noch von dem ursprünglichen manuelinischen Bau aus der Zeit um 1500. Der Rest des Gebäudes wurde nach dem schweren Erdbeben von 1748 im barocken Stil völlig neu aufgebaut. Heute tagt hier das Regionalparlament von Madeira, und das Innere ist nicht zu besichtigen. Etwas unharmonisch wirkt der moderne Anbau zur Seeseite hin mit dem Sitzungssaal des Parlaments.

Folgen wir der Uferstraße weiter nach Osten. Inmitten eines modern gestalteten Platzes erhebt sich das *Monumento a Autonomia* (Autonomiedenkmal). Die eigenwillig geformte Säule am landseitigen Ende des Platzes ist eine Nachbildung des ehemaligen Schandpfahls *(Pelourinho)* von Funchal, der bis 1835 hier stand. Vom Volk beschimpft und mit Steinen beworfen, mußten Verbrecher hier ihre Strafe abbüßen.

Schräg gegenüber, auf der anderen Seite des Flußbetts, befindet sich der * **Mercado dos Lavradores** ⓬, der Bauernmarkt von Funchal (◐ Mo-Do 8 bis 20 Uhr, Fr 7–20 Uhr, Sa 7–14 Uhr). Eine blau-weiße Fliesendarstellung eines Brunnens der Leda mit dem Schwan inmitten von Markthändlern, die Blumen, Früchte und Fisch zum Kauf anbieten, ziert die Vorderfront; so sah der alte Markt von Funchal aus (der Brunnen steht heute im Innenhof des Rathauses). Am Eingang warten in typische Tracht gekleidete Verkäuferinnen mit Orchideen und Strelitzien, Flamingoblumen, Callas und Strohblumen in allen Farben auf. Man kann die Blumen transportsicher verpacken lassen und mit nach Hause nehmen. Rund um den Innenhof gruppieren sich auf zwei Ebenen malerisch angeordnet Körbe mit exotischen Früchten und Gemüsen. Am Freitag und Samstag reicht der Platz kaum aus, dann kommen die Bauern vom Land und bieten ihre Produkte feil.

Verläßt man die Markthalle an der rückwärtigen Seite, dort, wo auf langen Tischen der Fisch zum Verkauf liegt, so ist man schon mitten im Gassengewirr der Altstadt *(Zona velha).* Es lohnt sich, einen Blick in die winzigen Läden und Werkstätten zu werfen. Man kann auch direkt durch die *Rua Boa Viagem* nach rechts gehen und dann am Rande der Altstadt weiter bis zu einer kleinen Fußgängerzone. Die Häuser hier wurden restauriert, ein paar Restaurants stellen Tische im Freien auf. In den Nebenstraßen warten Kneipen auf Besucher, hier ist auch nachts etwas los. Bei der alten *Capela do Corpo Santo* mit ihrem winzigen Glockenturm aus dunklem Basaltgestein wird es ruhiger, hier verläuft das Leben der Einheimischen noch in normalen Bahnen.

Einfache und meist auch nur einstöckige Häuser säumen den Weg bis zur **Fortaleza de São Tiago** ⓭. Das Fort aus dem 17. Jh. gilt als eines der architektonisch eindrucksvollsten in Portugal. Mit seinen rundüberkuppelten Türmchen und dem ockerfarbenen Putz wirkt es eher freundlich als abschreckend. In der Anlage kann man durch Tonnengewölbe und barocke Torbögen schlendern, die Aussicht von der Dachterrasse genießen und einen Blick in

FUNCHAL

das neue *Museum für zeitgenössische Kunst* (Mo-Fr 10-12.30, 14-17.30 Uhr) werfen. Abstrakte Bilder portugiesischer Maler des 20. Jhs. bilden den Schwerpunkt der Sammlung.

Durch eine schmale Gasse erreicht man die etwas oberhalb der Feste gelegene **Igreja do Socorro**, die Pfarrkirche der Altstadt. Pastellfarben beherrschen das Innere, an Haupt- und Seitenaltären geschickt mit Gold kombiniert. Barocke Heiligenbilder schmücken die Holzdecke. Die ursprüngliche Kirche wurde im 16. Jh. errichtet, um den Apostel Jakobus zu ehren, der Funchal vor einer Pestkatastrophe bewahrt haben soll. Nach dem Erdbeben von 1748 erbaute man das Gotteshaus im Barockstil völlig neu.

Portal der Igreja do Socorro

Dem nahen *Miradouro* (Aussichtspunkt) zu Füßen liegt die neue Badeanlage *Barreirinha* (tgl. 8.30-19 Uhr). Treppen führen ins Meer, für Kinder gibt es ein Planschbecken. Snackbar und Restaurant, sanitäre Einrichtungen und Umkleidekabinen sorgen für allen Komfort. In die Anlage wurde auch die unterhalb der Festung São Tiago gelegene *Praia das Estrelas* einbezogen, ein grobkiesiger, kleiner Strand, auf den einst die Fischer der Altstadt ihre offenen Boote zogen. Heute lohnt sich das Geschäft für sie nicht mehr.

Marktgenüsse: Obst und Gemüse aus heimischem Anbau

Hält man sich immer geradeaus, kommt man zur Markthalle zurück. Holprig ist das Kopfsteinpflaster in den Straßen der Altstadt, Stöckelschuhe sollte man besser nicht tragen. Auf den winzigen Balkonen flattert die Wäsche, Vögel zwitschern in ihren Käfigen, Dachwurz begrünt die Ziegeldächer.

In Funchal gibt es mehrere **Stickereifabriken**. Die bekannteste davon, **Patricio & Gouveia**, befindet sich unweit der Markthalle in der Rua Visconde da Anadia 33. Die angebotene Ware hier ist garantiert auf Madeira handgefer-

Einen Besuch der Markthalle sollte man nicht versäumen

FUNCHAL

tigt. So reizvoll der Verkaufsraum sein mag, versäumen Sie nicht den Besuch der Fabrik. Schon allein das Treppenhaus mit seiner knarrenden Stiege und dem altertümlichen Aufzug sind museumsreif. Im zweiten Stock riecht es nach Farbe. Mittels Papierschablonen tragen Frauen die Muster mit blauer Farbe auf den zu bestickenden Stoff auf. Im Stockwerk darüber befindet sich die Endfertigung: Aus den bestickten Stücken wird die Farbe ausgewaschen, dann wird der Stoff gebügelt und versäubert. Eine Bleiplombe bürgt für die Echtheit der Madeira-Stickerei.

In der Rua João de Deus, abseits der üblichen touristischen Pfade, steht das **Museu Henrique e Francisco Franco** ⓰ mit dem tempelförmig gestalteten, von Säulen umgebenen Eingang. *Henrique Franco* (1883-1961), der Maler, war der weniger bekannte der beiden Brüder. Seine madeirensischen Landschaften sind in warmen Tönen gehalten. Er porträtierte Bauernfamilien, Frauen und Mädchen von der Insel. Weniger bodenständig präsentieren sich die Werke des jüngeren Bruders *Francisco Franco* (1885-1955). Er schuf Skulpturen aus Holz, Ton und Stein. (◷ Mo-Fr 9-12.30, 14-17.30 Uhr.)

Der Stadtrundgang führt weiter über ein blumenumranktes Bachbett und am Justizpalast vorbei zur *Praça do Município* (Rathausplatz), dem alten Zentrum von Funchal.

Das **Rathaus** ⓱ ist am Flaggenschmuck und dem steinernen Stadtwappen zu erkennen. Das Wappen trägt die fünf Zuckerhüte, die König Manuel I. der Stadt Ende des 18. Jhs. verlieh, und die vier Weintrauben – beides Symbole für die einstigen Säulen der Inselwirtschaft. Das Rathaus stammt, ebenso wie die Häuser der Umgebung, aus der Barockzeit. Ende des 18. Jhs. ließ es Graf João José de Carvalhal errichten, damals wohl der reichste Mann der Insel. Im Parterre lagerte er Weinfässer und stellte seine Pferde ein, im ersten Stock residierte er mit seiner Familie. Der wuchtige, von breiten Fenstern durchbrochene Turm diente dazu, nach ankommenden Schiffen Ausschau zu

Leben und Werk des Francisco Franco

Als Fünfzehnjähriger ging Francisco Franco 1900 nach Lissabon, um dort die Königliche Akademie der schönen Künste zu besuchen. 1909 zog es ihn nach Paris in den Kreis um Rodin. Der Ausbruch des Ersten Weltkregs zwang ihn zur Rückkehr nach Madeira, wo er in den folgenden Jahren vier Plastiken anfertigte, die deutlich den Einfluß der Pariser Schule verraten: das Fliegerdenkmal am Hafen von Funchal in Erinnerung an der ersten Flug von Lissabon nach Madeira am 22. März 1921, einen Torso, der an den Angriff eines deutschen U-Bootes auf Funchal 1916 erinnert, einen flehenden Engel auf einer Grabstätte (beide auf dem Friedhof von Funchal in São Martinho) und die Zarco-Büste in Terreiro da Luta.

1919 ging Francisco Franco erneut nach Paris, wo er eine intensive Schaffensphase im Kreis um Picasso und Maillol erlebte. Damals schuf er auch die Figur des Sämanns (heute im Santa-Catalina-Park in Funchal). Nach einer Italienreise kehrte er 1926 nach Madeira zurück. Unter dem Einfluß der römischen Antike gestaltete er die Statue von João Gonçalves Zarco (Avenida Arriaga). Ihr monumentaler Charakter war für die folgenden Jahrzehnte richtungweisend in der Bildhauerkunst des „Neuen Staates". Die Zusammenarbeit mit dem Salazar-Regime brachte Franco Kritik in internationalen Künstlerkreisen ein. Bis zu seinem Tod 1955 führte er auf dem Festland zahlreiche Auftragsarbeiten aus.

FUNCHAL

halten, damit der Hausherr möglichst früher als seine Konkurrenten Geschäfte abschließen konnte. 1883 verkaufte die Grafenfamilie ihren Palast der Stadt, die hier das Rathaus einrichtete. Während der Dienststunden kann man hineingehen und den prächtigen Innenhof bewundern. So ähnlich muß es früher in vielen Stadtpalästen ausgesehen haben. Fliesendekor säumt die Wände, auffallend ist der Brunnen mit Leda und dem Schwan. Von der Galerie im oberen Stock betritt man das *Museu da Cidade* (Stadtmuseum; 1996 geschlossen), das auf engem Raum, aber gut arrangiert, Dokumente und Funde aus der Stadtgeschichte zeigt.

Dominiert wird der Rathausplatz jedoch von einem anderen Gebäude, dem **Jesuitenkolleg** ⓘ. Nach dem Piratenüberfall von 1566 kamen die Jesuiten nach Madeira, um zu verhindern, daß die reformatorischen Ideen der hugenottischen Korsaren in der Bevölkerung um sich griffen. Bald machten sie wohl auch recht gute Geschäfte im Weinbau. Das Kolleg diente den männlichen Sprößlingen reicher Familien als Oberschule. Nach der „Nelkenrevolution" 1975 wurde die neugegründete Universität von Funchal hier untergebracht. Die Kirche, im 17. Jh. im Barockstil errichtet, trägt an der Fassade die Marmorfiguren einiger Jesuitenheiliger. Links unten ist der Ordensgründer Ignatius von Loyola zu erkennen.

Noch ein weitres bemerkenswertes Gebäude grenzt an den Rathausplatz, der alte *Bischofspalast* (18. Jh.). Wenig spektakulär duckt er sich mit seinem Arkadengang gegenüber dem Jesuitenkolleg hinter zwei Oleanderbüsche. Zugänglich ist er von der anderen Seite aus, von der *Rua do Bispo*.

Heute ist in dem Palast das *** Museu de Arte Sacra** (Museum für kirchliche Kunst) ⓘ untergebracht. Die Sammlung flämischer Ölgemälde ist beeindruckend. Sie wurden im 15./16. Jh. im Austausch gegen den in Flandern hochbegehrten Zucker erworben. Einst

Stickereien in Hülle und Fülle

Rathausplatz

Innenhof des Rathauses

FUNCHAL

zierten die Bilder Dorfkirchen und Privatkapellen, so das Gemälde aus Madalena do Mar mit den Heiligen Anna und Joachim in prachtvollen, der mittelalterlichen Mode entsprechenden Gewändern. Die beiden Gestalten tragen angeblich die Züge Heinrichs des Deutschen und seiner Gemahlin (s. S. 86). Ausgestellt sind auch einige hölzerne Statuen aus Flandern, daneben viele neuere Heiligenfiguren, von portugiesischen Künstlern den flämischen mehr oder weniger gekonnt nachempfunden. Unter den zahlreichen Kirchenschätzen aus Gold und Silber von der Monstranz bis zum Weihrauchgefäß fällt vor allem ein Prozessionskreuz ins Auge, das beachtliche 1,27 m mißt. König Manuel I. schenkte es Anfang des 16. Jhs. der Kathedrale von Funchal. ◑ Di–Sa 10–12.30, 14.30 bis 18 Uhr, So 10–13 Uhr; an Feiertagen geschlossen.

Durch die *Rua das Pretas* geht es nun in die Oberstadt hinauf. Der Straßenname (Pretas bedeutet Negerinnen) erinnert an das 15./16. Jh., als es in Funchal noch viele schwarze Sklaven gab. Ihnen waren bestimmte Wohnviertel zugewiesen, die sie nachts nicht verlassen durften. Heute haben sich in der Gegend einige Antiquitätenhändler niedergelassen.

Nun wird es anstrengend. Die schmale Rua de Santa Clara führt steil bergauf zum Höhepunkt des Stadtrundgangs, der ***Quinta das Cruzes** ❷⓿. Wie es heißt, soll der Inselentdecker Zarco im 15. Jh. hier seine Residenz gehabt haben. Doch aus dieser Zeit sind allenfalls die Grundmauern übrig geblieben.

Das Herrenhaus, wie es heute zu besichtigen ist, wurde wie so viele Gebäude in Funchal nach dem Erdbeben von 1748 im Barockstil errichtet. Am schönsten ist wohl der Garten, der von der Straße kaum sichtbar hinter hohen Mauern verbirgt. Hier wurde ein kleiner archäologischer Park mit Steinmetzarbeiten aus alten Gebäuden eingerichtet, die zum Abriß verurteilt waren. Wappensteine und Grabplatten, Weihwasserbecken und Basaltkreuze konnten so vor dem Verfall gerettet werden. Interessantestes Stück ist das Fragment des ehemaligen Schandpfahls der Stadt, der einst am Largo do Pelourinho stand, wo man heute ein Duplikat aufgestellt hat. Die großen Fensterrahmen, phantasievoll mit Rankenwerk, dämonischen Figuren und Schiffstauen verziert, sind die wohl schönsten Steinmetzarbeiten aus manuelinischer Zeit, die man auf Madeira noch findet. Ihre wechselvolle Geschichte ist kaum nachvollziehbar, einst sollen sie dem nicht mehr existierenden Armenhospital von Funchal gehört haben, das 1507 errichtet wurde.

Der Garten der Quinta das Cruzes strahlt Ruhe aus, denn nur wenige Besucher finden den Weg hierher. Unzählige Pflanzen aus tropischen Ländern haben die ehemaligen Besitzer gesammelt. Es gibt sogar eine kleine Orchideenzucht.

Im Haus ist seit 1953 ein *Museum* untergebracht. Neben Kunstwerken und Porzellan sind hier die berühmten, aus brasilianischen Zuckerkisten hergestellten Möbel (s. S. 21) zu sehen. Ein Saal präsentiert sehr alte Fliesen *(azulejos),* die noch vor der Erfindung der Majolika-Farben in einer Technik gefertigt wurden, bei der das Zerlaufen der Glasur durch Einteilung der Fläche in verschiedene Felder verhindert werden sollte. ◑ Di–So 10–12.30, 14 bis 18 Uhr; nur der Park ist auch am Montag und durchgehend über Mittag geöffnet.

Wer jetzt noch Kraft hat, sollte die Straße noch ein Stück weiter bergauf gehen bis zu der nächsten Seitenstraße links, die schon bald an einer hohen Toreinfahrt endet. Finster erheben sich die mächtigen schwarzen Basaltmauern der **Fortaleza do Pico** ❷❶. In dem abweisend wirkenden Komplex, der Ende des 16. Jhs. errichtet wurde, ist eine Militärstation untergebracht. Das Besondere ist der wohl einmalige Blick

FUNCHAL

über die Innenstadt von Funchal: im Vordergrund der Park der Quinta das Cruzes, dahinter alle anderen Stationen des Stadtrundgangs, die man hier oben noch einmal nachvollziehen kann.

Weitere Sehenswürdigkeiten

Von der Praça do Infante nach Westen passiert die Estrada Monumental alle wichtigen Hotels der Stadt. Zu Fuß oder per Stadtbus wird auf einer Brücke eine schwindelerregende Schlucht überquert, dann zweigt rechts die Rua Dr. Pita steil aufwärts ab.

Christusfigur im Museu de Arte Sacra

Gleich oberhalb des Hotels „Quinta do Sol" erwartet die **Quinta Magnólia** ❷ mit ihrem wunderschönen Park den Besucher. Der British Country Club hatte sich in dem ehemaligen Herrenhaus eingerichtet, heute gehört es der Stadt. Stilvoll essen kann man hier, es serviert die Hotelfachschule von Funchal (obligatorische Voranmeldung unter ☎ 22 90 83).

Baumriesen sorgen in der weitläufigen Gartenanlage für Schatten. Ein Prachtexemplar ist die Baum-Strelitzie, eine gigantische Verwandte der kleineren Paradiesvogelblume. Im Park gibt es mehrere Tennisplätze, ein Schwimmbad und in der angrenzenden Schlucht sogar einen Trimmparcours, alles zur freien Verfügung.

Die Quinta das Cruzes birgt kostbare Kunstwerke

Nobel geht es im **Reid's Hotel** ❷ zu, das sich unweit der Quinta Magnólia an der Estrada Monumental befindet. Einst galt die Edelherberge als eines der führenden Häuser der Welt. Heute zehrt es ein wenig von vergangenem Glanz, wenn auch mit der Hundertjahrfeier vor einigen Jahren neuer Schwung eingekehrt ist. Noch immer kann man sich bei einer Tasse Tee von der gediegen britischen Atmosphäre verzaubern lassen. Daß das Hotel heute von einem

Steinmetzarbeit im Garten der Quinta das Cruzes

FUNCHAL

Deutschen gemanagt wird, tut der Sache keinen Abbruch. Genießen Sie in die wuchtigen Korbsessel mit dem altmodischen Blümchenpolster zurückgelehnt den unvergleichlichen Blick von der Terrasse wie die berühmten Gäste aus Adel, Showbusineß und Politik, deren Namen die lange Gästeliste des Reid's zieren.

Das moderne Hotelviertel Funchals reicht im Westen der Stadt bis jenseits des Formosa-Strandes. Um die *Praça do Gorgulho* konzentrieren sich Boutiquen, Supermärkte und Restaurants. Nicht weit von hier liegt am Meer die öffentliche Felsbadeanlage *Lido*. Angrenzend ist nun endlich die lang ersehnte Uferpromenade zum Flanieren entstanden.

Praktische Hinweise

❶ Direcção Regional de Turismo, Avenida Arriaga 18, ☏ 22 56 58, 📠 23 21 51. ⏱ Mo–Sa 9–19 Uhr, So, Fei 9–13 Uhr.

🚌 Die orangefarbenen Stadtbusse *(Horários do Funchal)* verkehren in dichter Folge in alle Stadtteile. Die Endstationen reihen sich längs der Uferstraße Avenida do Mar. An den Haltestellen hängen Fahrpläne und Karten, die das Liniennetz zeigen. Ermäßigte 10er-Karten und Touristen-Wochenkarten (Personalausweis erforderlich) sind in den grünen Verkaufspavillons an der Av. do Mar erhältlich.

Überlandbusse verschiedener Gesellschaften starten in Richtung Osten vom Busbahnhof in der Rua Gulbenkian, Richtung Westen vom Busbahnhof in der Rua Dr. Manuel Pestana Junior. Busse in Richtung Caniço, Camacha/Santo da Serra und Faial/Santana fahren an der Uferpromenade südlich der Altstadt ab. Auskünfte und Fahrpläne beim Fremdenverkehrsamt (s. o.).

🚢 Ein- bis zweimal täglich verkehrt ein Schnellboot von der Mole westlich des Jachthafens nach Porto Santo. Preis für eine Hin- und Rückfahrt: ca. 80 DM; Dauer der Überfahrt: 1,5 Stunden. In den Sommermonaten laufen *Ausflugsboote* verschiedene Ziele an der Südküste Madeiras an.

Taxis: Im Stadtgebiet von Funchal muß der Taxameter eingeschaltet werden. Der Grundpreis beträgt 300 Esc. Für Fahrten zu touristisch interessanten Zielen (Monte, Botanischer Garten u. a.) gibt es Richtpreise (Wartezeiten während der Besichtigungen eingeschlossen).

🏨 Hotels

Die meisten Hotels befinden sich westlich des Zentrums von Funchal im alten und neuen Hotelviertel, einige (meist einfachere Häuser) aber auch im Innenstadtbereich:

Reid's Palace Hotel, Estrada Monumental, ☏ 76 30 01, 📠 76 44 99. Traditionsreiches Spitzenhotel Madeiras, unter deutscher Leitung. Ⓢ⟫

Casino Park Hotel, Rua Imperatriz D. Amélia, ☏ 23 31 11, 📠 23 20 76. Elegant, stadtnahe Lage, unter österreichischer Leitung. Ⓢ⟫

Quinta Bela Vista, Caminho Avista Navios 4, ☏ 76 41 44, 📠 76 50 90. Restauriertes Herrenhaus am nordwestlichen Stadtrand. Ⓢ⟫

Vila Ramos, Azinhaga da Casa Branca 7, ☏ 76 41 81, 📠 76 41 56. Bewährtes Mittelklassehotel, ruhige Lage. Ⓢ

Carlton Palms, Rua do Gorgulho, ☏ 76 61 00, 📠 76 62 47. Extravaganter Neubau direkt an der Felsküste, auf dem Gelände eines alten Herrenhauses. Ⓢ

Quinta da Penha de França, Rua Penha de França 2, ☏ 22 90 80, 📠 22 92 61. Altes Herrenhaus in ruhigem Gartengelände, Neubau mit Meeresblick, stadtnahe Lage. Ⓢ

Santa Clara, Calçada do Pico 16 b, ☏ 22 41 94, 📠 74 32 80. Traditionsreiches Haus, stadtnah, aber ruhig. Ⓢ

Monte Carlo, Calçada da Saúde 10, ☏ 22 61 31, 📠 22 61 34. Ehrwürdiges Hotel, schöner Blick über die Innenstadt. Ⓢ

FUNCHAL

🍴 Restaurants

Die Restaurantauswahl in Funchal ist sehr groß. Im Innenstadtbereich konzentrieren sich einfache Restaurants, die von den Einheimischen während der Mittagspause aufgesucht werden, auf die Umgebung der Kathedrale, der Einkaufsstraßen Rua do Aljube und Rua Dr. Fernão Ornelas sowie der Markthalle.

Cafés gibt's zuhauf

Sehr beliebt ist das **O Presidente,** Rua das Mercês 18, ☎ 3 45 35. Ⓢ Anhänger der Vollwertkost kommen im **Bio-Logos,** Rua Nova de São Pedro 34, ☎ 3 68 68, auf ihre Kosten. Ⓢ Lokale mittlerer Kategorie, die auf Fisch und Meeresfrüchte spezialisiert sind, findet man rund um den Jachthafen und in der Fußgängerzone der Altstadt, z. B. **Estrela do Mar,** Largo do Corpo Santo 1, ☎ 22 82 55, ⓈⓈ, und **Caravela,** Avenida do Mar 15, ☎ 22 84 64. ⓈⓈ

Schiffsrestaurant

Zahlreiche Restaurants meist der mittleren Kategorie gibt es im neueren Teil des Hotelviertels.
Besonders schön sitzt man auf der Terrasse des **Summertime,** Estrada Monumental 318, ☎ 76 24 76. ⓈⓈ Renommiert ist das **Tropical,** Estrada Monumental 306, ☎ 76 36 42. ⓈⓈ Auf Fisch spezialisiert sind das **As Gavinas,** Praia do Gorgulho, ☎ 6 29 18, ⓈⓈ, und das **Doca do Cavacas,** Ponta da Cruz, ☎ 76 20 57. ⓈⓈ Restaurants der Spitzenkategorie konzentrieren sich rund um die Luxushotels in der Nähe der Avenida do Infante, z. B.
Casa Velha, Rua Imperatriz D. Amélia, ☎ 22 57 49. ⓈⓈⓈ
Villa Cliff, Estrada Monumental, ☎ 76 30 25. ⓈⓈⓈ
Salsa Latina, Rua Imperatriz D. Amélia 101, ☎ 22 51 82. Manchmal brasilianische Live-Musik. ⓈⓈ

Terrasse des Reid's Hotel

Nachtleben: Das Nachtleben Funchals ist im wesentlichen auf die großen Hotels und einige Lokale in der Altstadt

Nachtleben im Hafen

FUNCHAL

beschränkt. Renommierte Nightclubs besitzen die Hotels **Casino Park** und **Savoy**. Gute Diskotheken findet man in den Hotels **Madeira Carlton** und **Madeira Palácio**. Jüngeres Publikum trifft sich in der Diskothek des Hotels **Duas Torres** oder im **Formula 1,** Rua do Favilha 5.

Im **Casino** kann man beim Roulette oder Black Jack sein Glück versuchen (🕐 tgl. 20–3 Uhr, Mindestalter 18 Jahre, Personalausweis erforderlich). Im **Baccara,** dem Nightclub des Casinos, finden Laser- und Tanzshows statt. Ruhiger geht es im **Marcelino,** Travessa das Torres 22, zu, wo man täglich von 22–2 Uhr Fado hören kann.

Ausflüge

* **Jardim Botânico** (Botanischer Garten). Der ehemalige Wohnsitz der schottischen Familie *Reid*, die im 19. Jh. das gleichnamige Hotel in Funchal gründete, gibt mit seiner weitläufigen Parkanlage einen hervorragenden Rahmen für den 1960 eröffneten *Botanischen Garten* (🕐 tgl. 9–18 Uhr) ab. Im alten Herrenhaus ist das *Museum für Naturgeschichte* eingerichtet. Im Garten gedeihen neben prächtigen Orchideen zahlreiche andere tropische und subtropische Pflanzen aus aller Welt. Ein Bereich ist den endemischen Pflanzen Madeiras, ein anderer den Nutzpflanzen vorbehalten. Vom Terrassencafé oder von einer der sorgfältig mit Basaltsteinen ausgelegten Aussichtsplattformen überblickt man die Bucht von Funchal. Auf einem Spaziergang zwischen Springbrunnen, Seerosenteichen und Vogelvolieren kann man sich leicht vorzustellen, wie die britischen Ladies früherer Jahrzehnte eine idyllische Teestunde im Park verbracht haben mögen.

🚌 Gute Verbindung mit den Stadtbussen der Linien 29, 30, 31.

Vom Tante-Emma-Laden zum Hipermercado

Lidossol und Cavalinho heißen die neuen Tempel, in die der Madeirenser am Wochenende pilgert – für Inselverhältnisse riesige Supermärkte, die dank des liberalen portugiesischen Ladenschlußgesetzes auch am Samstag und Sonntag bis spätabends geöffnet sind. Gleich neben den öffentlichen Meeresschwimmbädern in Funchal hat man sie errichtet, denn Badevergnügen und Einkaufsspaß kombiniert man gern miteinander. Zwar nehmen die Hipermercados die teuersten Grundstücke in Küstennähe ein, wo man gut und gerne Hotels oder andere touristische Einrichtungen hätte bauen können. Doch welchen Madeirenser kümmert das schon, wenn er sich am Wochenende mit der ganzen Familie, Eltern und Kindern, Großeltern und Tanten, auf den Weg zum Einkaufsabenteuer macht. Schon der Verkehrsstau bei der Anfahrt und erst recht die Parkplatzsuche auf dem gar nicht mal kleinen, aber immer gut gefüllten Parkplatz vor dem Supermarkt sind fester Bestandteil des Ausflugs. Stolz wird der meist noch recht neue Kleinwagen vorgeführt, liebevoll ausgestattet mit einer Plüschfigur am Innenspiegel. Um auf preiswerte Art noch mehr Eindruck zu schinden, hat der Besitzer den Aufkleber „TURBO" neben dem Markennamen angebracht. Die ältere Generation kann sich nicht so schnell an die neue Zeit gewöhnen. Staunend steht sie vor den Regalen. Noch vor wenigen Jahren gab es auf Madeira nur winzige Geschäfte, die das Lebensnotwendige führten. Frische Ware kaufte man auf dem Markt. Jetzt sind für die Einzelhändler schwere Zeiten angebrochen, denn sie können mit dem Angebot der großen Supermärkte nicht mithalten. Und so muß ein Tante-Emma-Laden nach dem anderen schließen.

FUNCHAL

Jardim Orquídea (◷ tgl. 9 bis 18 Uhr). Ein österreichisches Ehepaar hat unterhalb des Botanischen Gartens liebevoll einen Orchideengarten angelegt, in dem die seltensten Arten aus aller Welt zu sehen sind – und alle aus eigener Nachzucht. Wer es nicht glaubt, wird eines Besseren belehrt, wenn er einen Blick ins Labor geworfen hat, wo die empfindlichen Pflanzen ihre ersten Lebensjahre in Reagenzgläsern mit genau ausgeklügelten Nährlösungen unter UV-Bestrahlung verbringen. Erst nach etwa vier Jahren dürfen sie ans Licht und Luft atmen, und dann dauert es viele weitere Jahre, bis die erste Blüte erscheint. Wen wundert da der hohe Preis, den manche Orchideen erzielen?

Im Jardim Botânico

**Monte. Hoch über der Stadt liegt das Villenviertel von Funchal. Zahlreiche wohlhabende Leute haben sich hier seit dem vorigen Jahrhundert ihr Domizil errichten und Quintas mit prächtigen Gärten anlegen lassen. Mittelpunkt der Gemeinde Monte ist der *Largo do Monte* unterhalb der Kirche. Über eine efeuumrankte Brücke fuhr einst die Zahnradbahn von Funchal über Monte weiter nach *Terreiro da Luta*. Ende der 30er Jahre gab es ein schweres Unglück, woraufhin die Fahrten eingestellt wurden. Während des Zweiten Weltkrieges verkaufte man die Schienen aufs Festland nach Braga. Heute ist man ein wenig traurig darüber, daß die nostalgische Bahn nicht mehr existiert. Das gelbe Gebäude am Largo ist der alte Bahnhof.

Blütenzauber im Jardim Orquídea

Im „Café do Parque" kann man auf der Terrasse in Ruhe einen Drink genießen. Oft läßt sich ein Harmonikaspieler in alter Madeira-Tracht auf einer nahegelegenen Bank nieder und unterhält die Gäste mit Folkloremusik. Der Marmorbrunnen, die *Fonte do Largo*, ist zugleich ein kleines Heiligtum für die Jungfrau von Monte und immer blumengeschmückt. Gläubige stellen Ker-

Fonte do Largo, Monte

FUNCHAL

zen zu Ehren der Madonna auf. Treppenstufen führen steil bergauf zur Wallfahrtskirche *Nossa Senhora do Monte*. Im 18. Jh. begann man mit dem Bau des heutigen, sehr aufwendig gestalteten Gotteshauses.

Im 16. Jh. – so erzählt man sich – soll oberhalb von Monte, in Terreiro da Luta, ein Hirtenmädchen eine Marienerscheinung gehabt haben. Sie lief nach Hause, um ihren Eltern davon zu erzählen, doch diese wollten ihr nicht glauben. Als sich das Ereignis aber mehrfach wiederholte, ging der Vater heimlich hinterher, um zu schauen, ob die Geschichte wahr sei. Zwar konnte er selbst die Erscheinung nicht sehen, doch fand er eine Statue der Madonna, der zu Ehren damals eine erste Kapelle an der Stelle des heutigen Gotteshauses errichtet wurde. Die Jungfrau von Monte erfährt seither höchste Verehrung, sie thront winzig klein in einem silbernen Schrein auf dem Hauptaltar. In einer Seitenkapelle wurde der letzte Kaiser von Österreich, Karl von Habsburg, beigesetzt, der während seines Exils mehrere Monate in einer Villa in Monte wohnte, wo er 1922 an den Folgen einer Lungenentzündung verstarb.

Treppenstufen führen hinab zu einer Terrasse vor der Kirche. Alljährlich zu Mariä Himmelfahrt (15. August), wenn eine große Wallfahrt in Monte stattfindet, rutschen die Gläubigen auf Knien die Treppen hinauf, um von der Madonna Gnade zu erflehen. Als im Jahre 1803 nach stundenlangem Dauerregen die Flüsse in Funchal über die Ufer traten und schwere Schäden anrichteten, die auch zahlreiche Menschenleben forderten, erbaten die Stadtbewohner Hilfe von der Jungfrau von Monte, der man bereits zahlreiche Wunder zuschrieb. Der Regen ließ nach, und man erklärte die Madonna daraufhin zur Schutzheiligen der Insel. Seither ist die Wallfahrt zu Mariä Himmelfahrt das größte Kirchenfest Madeiras, zu dem Gläubige aus allen Teilen der Insel anreisen. Der eigentlichen Prozession

Die Korbschlitten von Monte

Kein Besucher Madeiras versäumt das Erlebnis einer Korbschlittenfahrt. Sogar wer mit dem Kreuzfahrtschiff nur für wenige Stunden nach Funchal kommt, läßt sich meist nach Monte hinauffahren, um von dort in schneller Fahrt die steilen Straßen hinab bis zum Stadtrand zu gleiten. Zwei Männer, bekleidet mit weißen Hosen und Hemden und dem als „Kreissäge" bekannten Strohhut, lenken das Gefährt, ziehen oder bremsen je nach Bedarf. 1849 wurden die Schlitten eingeführt, nachdem sich Pferdewagen auf dem steilen Weg nach Monte als zu unpraktisch erwiesen hatten. Hinauf ging es nun gemächlich zu Pferd oder per Sänfte, hinab rasant per Schlitten. Die auf der Welt wohl einmaligen Fahrzeuge genossen bald einen solchen Ruf, daß sie von Anfang an eine Touristenattraktion waren. Nur in Rußland, im Ural, soll es ähnliche geben, doch mit Rädern anstatt mit Kufen versehen. Sogar Jules Verne hat die Korbschlitten Madeiras in einem seiner Werke beschrieben. Früher saß man zu zehnt in damals noch recht unbequemen Gefährten, und sechs Fahrer steuerten sie mehr oder weniger zuverlässig, am Nachmittag wegen des vorangegangenen Alkoholgenusses angeblich etwas weniger umsichtig als am Morgen. Heute ist alles einfacher, aber auch professioneller geworden. Zwei oder drei Personen finden in den gepolsterten Schlitten Platz, und diese müssen nicht mehr von Hand nach Monte zurückgezogen werden, sondern ein Lkw fährt sie hinauf. Die Fahrer verrichten die schwere Arbeit angesichts des meist guten Trinkgelds recht gern.

FUNCHAL

geht am Vorabend ein lebhafter Jahrmarkt mit Feuerwerk und Musik voraus.

Von der Terrasse schaut man hinab auf die berühmten **Korbschlitten*. Männer in traditioneller weißer Kleidung mit Lederstiefeln und Strohhüten warten auf Kundschaft, das heißt auf Touristen, die von hier aus nach Livramento oder sogar bis Funchal hinab gefahren werden wollen. Jeweils zwei Fahrer führen den Schlitten aus Korb mit Holzkufen, in dem man dank der Polsterung recht bequem sitzt. An Seilen halten sie das Gefährt an steileren Stellen fest, während es an flacheren Abschnitten geschoben wird.

Typische Madeira-Tracht

Nur wenige Schritte unterhalb der Korbschlittenstation, die Straße steil bergab, verlockt ein wunderschöner Garten, die *Jardins do Monte* (Tropischer Garten Schloß Monte; ◐ Mo-Fr 9-18 Uhr, Sa, So 9-17 Uhr). Einst war dies der Park des ehrwürdigen Hotels „Monte Palace", das in der ersten Hälfte des 20. Jhs. zu den besten Häusern von Funchal zählte. Eine wohlhabende Klientel ließ sich hier oft monatelang verwöhnen. Einer Wiedereröffnung nach dem Zweiten Weltkrieg war kein Erfolg beschieden. Die Anlage gammelte vor sich hin, bis Ende der 80er Jahre José Berardo, ein Madeirenser, der in Südafrika ein Vermögen verdient hatte, das Gelände aufkaufte und die Villa restaurieren ließ. Sie ist heute Mittelpunkt einer Grünanlage, in der nicht nur der alte Baumbestand erhalten blieb, sondern zahlreiche weitere botanische Kostbarkeiten ergänzt wurden. Nahezu vollständig dürfte der Bestand an verschiedenen Arten von Palmfarnen (Cycas) sein, die José Berardo aus Südafrika einführen ließ – nicht unumstritten, denn die Cycasarten stehen unter strengem Naturschutz. Die Hotelgäste ließen sich früher mit Booten über den kleinen Schwanenteich rudern, der von der winzigen Nachbildung einer Festung bewacht wird. Gleich nebenan befindet sich ein kleines Café.

Korbschlittenfahrer

Nahverkehr in Monte

FUNCHAL

Allerlei Skurrilitäten hat José Berardo im Garten aufgestellt, darunter alte Steinmetzarbeiten und Fliesenbilder vom portugiesischen Festland, chinesische Vasen, wertvolle Kristalle und versteinerte Hölzer. Steigt man das kleine Tal hinauf, wo ein Bach zu Tümpeln gestaut oder in Grotten plätschernd den Teich speist, so gelangt man in den Japanischen Garten. Marmorne Löwenfiguren bewachen den Eingang. Wer sich fragt, wie ein japanischer Garten nach Madeira kommt, erhält die Antwort an der bunten Fliesenwand, wo die Geschichte der portugiesischen Beziehungen zu Japan von den Anfängen im 16. Jh. bis hin in unsere Zeit in Bild und Schrift wiedergegeben ist. Es handelt sich um eine moderne Arbeit, die von Alberto Cedrón entworfen und in einer Werkstatt in Lissabon ausgeführt wurde. Sogar der japanische Angriff auf Pearl Harbor im Dezember 1941 und der Abwurf amerikanischer Atombomben über Japan zu Kriegsende 1945 fehlen nicht. „Und die Abenteuer gehen weiter" steht verheißungsvoll am Ende der Fliesenserie.

🚌 Stadtbuslinien 20, 21, etwa jede halbe Stunde.

*Curral das Freiras. Die Straße windet sich zunächst zum *Pico dos Barcelos* hinauf, einem Aussichtspunkt am Westrand von Funchal. Andenkenverkäufer, die handgestrickte Pullover und anderes zum Kauf anbieten, säumen den Weg hinauf zur Aussichtsterrasse. Weit schweift der Blick über die Stadt. Eine Straße führt durch Eukalyptuswald steil aufwärts entlang des Curral-Tals. Viehzüchter treiben ihre Ziegen hier in den Wald. Immer wieder werden Feuer gelegt, da gerade die frischen Baumtriebe für die Tiere ein Leckerbissen sind (s. S. 20). Ein Straßenschild weist nach *Eira do Serrado*. Der kurze Abstecher führt zu einem Parkplatz, von dem man auf einem Fußweg in wenigen Minuten zum Miradouro gelangt. Der Blick über das Curral-Tal und den Ort Curral das Freiras tief unten im Tal ist nichts für ängstliche Gemüter, denn der Aussichtspunkt schwebt wie ein Vogelnest fast 800 m senkrecht über dem Talgrund. Ein Tip: Wanderer können auf einem alten Pflasterweg nach Curral das Freiras laufen (ca. 1 Std.). Vom Parkplatz aus geht es neben dem Hinweisschild „Miradouro" abwärts. Autofahrer gelangen durch einen Tunnel in den Talkessel von Curral das Freiras.

Im Ortszentrum gibt es Restaurants, ein paar Kneipen und Andenkengeschäfte, unterhalb steht die Kirche Nossa Senhora do Livramento aus dem 19. Jh. Die Bauern von Curral haben das ganze Tal mit winzigen Terrassenfeldern überzogen, auf denen Weinstöcke, Obst und Gemüse gedeihen. Im feuchten Talgrund wachsen Kopfweiden, an den Hängen Edelkastanien. Curral das Freiras ist für verschiedene Kastanienspezialitäten bekannt. So kann man hier Suppe oder Kuchen aus Kastanien probieren oder den berühmten Kastanienlikör testen. Nach der Ernte am 1. November findet hier das vielbesuchte *Kastanienfest* statt, wo all diese Köstlichkeiten an Straßenständen angeboten werden.

Curral das Freiras heißt wörtlich übersetzt „Stall der Nonnen". Diesen seltsamen Namen verdankt der Ort der Tatsache, daß sich das ganze Tal einst im Besitz des Klosters Santa Clara in Funchal befand. Als französische Piraten 1566 Funchal überfielen, plünderten und brandschatzten, brachten sich die Nonnen des Klosters heimlich nach Curral das Freiras in Sicherheit. In dem abgelegenen, nur über halsbrecherische Bergpfade zu erreichenden Tal hielten sie sich versteckt, bis die Freibeuter nach zwei Wochen wieder in See stachen.

🚌 Funchal (Linie 81), 3–8mal täglich, Abfahrt von der Fortaleza de São Lourenço.

🍴 **Nuns Valley,** ☎ 71 21 77. Spezialitäten aus Kastanien.

Blick vom Aussichtspunkt Eira do Serrado auf Curral das Freiras

*Machico

Die vergessene Hauptstadt

Machico ist mit seinen rund 20000 Einwohnern die zweitgrößte Gemeinde Madeiras. Es war nach Inbesitznahme der Insel durch die Portugiesen zunächst gleichberechtigte Hauptstadt neben Funchal, von hier aus wurde bis 1497 die östliche Inselhälfte regiert. Heute steht sie an Bedeutung weit hinter Funchal zurück und erfüllt eher die Funktion eines Provinzstädtchens. In den letzten Jahren spürt man aber, bedingt durch den Tourismus, einen Aufschwung. Einer Hotelanlage folgten Restaurants, Cafés und Geschäfte, und allmählich kommt wieder Leben in die Stadt.

Beginnen Sie den Stadtrundgang im Ortsteil *Banda d'Além* am **Cais** ❶, dem kleinen Schiffsanleger von Machico. An dieser Stelle soll angeblich João Gonçalves Zarco mit seinen Leuten an Land gegangen sein. Er gründete Machico als ersten Ort auf Madeira. Heute dümpeln einige Fischerboote im Schutz der kurzen Kaimauer. Von hier aus überblickt man die gesamte Bucht von Machico mit dem kiesigen Strand, der Bootswerft, auf der die traditionellen Holzboote gebaut werden, und dem einzigen größeren Gebäude des Ortes, dem Hotel „Dom Pedro".

Oberhalb des Cais erhebt sich das **Forte São João Batista** ❷, das Anfang des 18. Jhs. zum Schutz gegen die gefürchteten Piraten errichtet wurde. Zwischenzeitlich diente es als Lazarett, und heute leben hier viele Retornados. Sie kamen Mitte der 70er Jahre aus den ehemaligen portugiesischen Kolonien, die damals ihre Unabhängigkeit erhielten, nach Portugal. Etliche verschlug es auch auf die atlantischen Inseln.

Folgen Sie nun der Uferstraße in die Stadt hinein. Unterwegs kann man am Nachmittag die Fischer beobachten, wie sie ihre langen Angeln, die zwischen die Platanen am Wegrand gespannt werden, reparieren. Mit den bis zu 2000 m langen Schnüren fangen sie *espada* (Degenfisch), der nur in einer Tiefe von mehr als 600 m vorkommt (s. S. 25). Auf den flach über dem Boden angebrachten Holzgestellen trocknet man *gaiado*, eine kleine Thunfischart. Für ihren Fang benötigt man größere Boote, die nur in Machico und Caniçal verbreitet sind.

Zentraler Punkt des Ortes ist der **Largo dos Milagres**. Auf dem von hohen Indischen Lorbeerbäumen beschatteten Platz fällt ein hübscher, kleiner Kiosk auf, wo man einen Kaffee trinken kann.

Das Bild des Platzes prägt u. a. die *Capela dos Milagres (Kapelle der Wunder)* ❸. Bei dem ursprünglichen Bau soll es sich um die erste Kirchengründung auf Madeira gehandelt haben, vermutlich vom Inselentdecker Zarco persönlich um 1425 in Auftrag gegeben. Im 16. Jh. wurde das Gebäude durch ein Feuer zerstört, der restaurierte Bau erneut im Jahre 1803 durch ein Hochwasser. Die heutige Kapelle stammt von 1815. Eine Tafel neben der Tür zeigt an, daß auch am 5. November 1956 der Machico-Fluß wieder Hochwasser führte, jedoch blieb die Kapelle diesmal von den Fluten verschont. Der Altar birgt die berühmte Holzstatue des „Wundertätigen Christus" *(Senhor dos Milagres)*. Sie wurde bei dem Hochwasser 1803 ins Meer geschwemmt, dann aber wie durch ein Wunder Tage später von einem amerikanischen Seemann wiedergefunden, der von seinem in der Bucht von Machico vor Anker gegangenen Schiff an Land ruderte. Diese Begebenheit ist auf einem Ölgemälde abgebildet, das links vom Altar an der Wand hängt. Das Bild zur Rechten veranschaulicht, wie die Umgebung der Kapelle im vorigen Jahrhundert ausgesehen hat.

MACHICO

Das Wunder um die Christusfigur wird in Machico alljährlich am 8. Oktober mit einem großen Fest begangen. Pilger aus allen Teilen der Insel kommen dann hierher, um für sich oder für Freunde und Verwandte Heilung von Krankheiten zu erbitten. Während einer nächtlichen Prozession tragen sie die aus Wachs nachgeformten erkrankten Körperteile hinter der Statue des Wundertätigen Christus her.

Blick auf Machico

Das am Ostufer des Machico-Flusses gelegene Banda d'Além ist das alte Fischerviertel. Über eine Brücke gelangt man ins eigentliche Zentrum von Machico. Wohl das älteste Gebäude der ganzen Stadt (um 1500) ist die **Igreja Nossa Senhora da Conceição** ❹. Die Kirche ist der Jungfrau der Unbefleckten Empfängnis geweiht. Das Seitenportal mit seinen drei Marmorsäulen ist eine Stiftung König Manuels I., das Hauptportal trägt sehr schöne manuelinische Verzierungen. Links sind fratzenhafte Gesichter zu erkennen, die das Böse darstellen sollen. Rechts vom Eingang soll das Gute zu sehen sein, doch sind Einzelheiten nicht mehr auszumachen, da das Gestein schon zu stark

Kiosk am Largo dos Milagres

❶ Cais
❷ Forte São João Batista
❸ Capela dos Milagres
❹ Igreja N. S. da Conceição
❺ Forte N. S. do Amparo
❻ Lota
❼ Capela de São Roque
❽ Casa das Bordadeiras

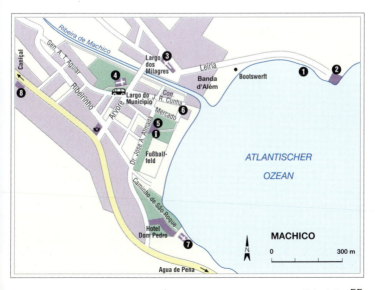

zerfressen ist. Das Innere der Kirche wurde wie bei vielen Gotteshäusern der Insel in der Barockzeit völlig umgestaltet und mit blattgoldverzierten Altären und einer bemalten Decke im Kassettenstil versehen. Allerdings stammen die zwei Seitenkapellen zur Linken noch aus manuelinischer Zeit. Eine von ihnen trägt das blaue Wappen der Familie Vaz Teixeira, auf dem Phönix in der Asche dargestellt ist. Unter dem Holzfußboden sollen sich die Gräber der Familienangehörigen befinden.

Auf dem Platz vor der Kirche erhebt sich ein Denkmal zu Ehren von Tristão Vaz Teixeira. Er war ein Mitstreiter des Inselentdeckers Zarco und ging mit ihm zusammen im Jahre 1419 in der Bucht von Machico an Land. Nach der Aufteilung Madeiras in zwei Herrschaftsbereiche erhielt Vaz Teixeira die östliche Inselhälfte mit der Hauptstadt Machico. Hier regieren später auch noch sein Sohn und sein Enkel, erst Ende des 15. Jahrhunderts wurde Funchal zur alleinigen Hauptstadt erklärt.

Folgen Sie nun Richtung Meer der schmalen Gasse gegenüber der Kirche, die zwischen einem Bankgebäude und einem Schuhgeschäft abzweigt. Das Haus Nummer 15 birgt ein interessantes Geschäft. Im Schaufenster sind uralte, von Staub und Spinnweben überzogene Weinflaschen ausgestellt, deren Altersangaben bis in das Jahr 1842 zurückreichen, also in die Zeit vor der Reblauskrise. Diese Kreszenzen sind heute fast unbezahlbar, obwohl erst

Tragisches Ende einer Liebe

Die Gründung von Machico geht auf eine Geschichte zurück, die sich dort Jahrzehnte bevor die Portugiesen nach Madeira kamen, zugetragen haben soll. Sie nahm im 14. Jh. ihren Anfang in England, das zu jener Zeit von König Edward III. regiert wurde. Ein junger Schotte bürgerlicher Herkunft, Robert Machim (der Name wird noch heute mit dem Ort Machico in Verbindung gebracht), verliebte sich in London in die adelige Anne Dorset. Als die Eltern des Mädchens davon erfuhren, arrangierten sie rasch eine standesgemäße Verbindung ihrer Tochter mit einem Edelmann vom Hofe. Doch die Liebenden, die sich einander versprochen hatten, gaben nicht auf. Zusammen mit einigen abenteuerlustigen Freunden entführte Robert seine Anne vor deren geplanter Hochzeit aus dem Schloß des Bräutigams. Sie gingen auf ein Schiff, um nach Frankreich zu fliehen. Doch das kleine Segelboot geriet in einen Sturm und wurde ruderlos vom Kurs abgetrieben. Als das Unwetter vorbei war, tauchte eine grüne Insel am Horizont auf. In der Bucht, an der später Machico gegründet wurde, ging man vor Anker. Doch zu einem Happy-End sollte es nicht kommen. Anne fiel in eine tiefe Melancholie und starb wenig später. Robert konnte den Tod seiner Geliebten nicht verwinden und folgte ihr bald ins Grab. Die Gefährten beerdigten beide nebeneinander und errichteten ein Kreuz mit einer Inschrift, in der sie Neuankömmlinge in dieser Bucht darum baten, ein Gotteshaus zu errichten. Dann begaben sie sich wieder auf ihr Schiff, und eine Meeresströmung trug sie hinüber nach Nordafrika, wo sie in die Gefangenschaft der Mauren gerieten. Einem portugiesischen Seemann, der wie sie dort als Sklave gehalten wurde, erzählten sie ihre Geschichte, und dieser trug die Legende Jahrzehnte später nach Portugal. So soll João Gonçalves Zarco von Madeira erfahren haben, und es heißt, er habe bei seiner Landung in der Bucht von Machico in der Tat das Kreuz vorgefunden und daraufhin eine erste Kapelle erbauen lassen.

MACHICO

kürzlich im Kreml riesige Bestände alten Madeira-Weins gefunden wurden, die seinerzeit noch die Zarin Katharina höchstpersönlich bestellt hatte. Aber auch preiswertere, für jedermann erschwingliche Weine lagern in den ehrwürdigen Holzfässern des kleinen Weinladens.

Gegenüber der ehemaligen Markthalle, in der ein nettes Café zur Pause einlädt, steht das **Forte Nossa Senhora do Amparo** ❺. Die ockergelbe, fensterlose Festung trägt den Namen einer Heiligen, wie es in Portugal häufig vorkommt, in diesem Falle Unserer Lieben Frau des Schutzes. Eine Tafel über dem Eingang gibt das Jahr 1706 als Erbauungsdatum an, zu verdanken ist der Bau einem fortschrittlichen Inselgouverneur, der dem Unwesen der Piraterie auf Madeira endlich ein Ende machen wollte. Drei Festungen erhielt Machico damals, die dritte existiert heute nicht mehr. Piratenschiffe wurden sozusagen in die Zange genommen und von allen Seiten beschossen, wenn sie in die Bucht einliefen. Bemerkenswert an der Amparo-Festung ist die dreieckige Form, die es möglich machte, Kanonen nach zwei Seiten zum Meer hin auszurichten. Ein Wachposten auf dem nahegelegenen *Pico do Facho,* der sich östlich der Stadt erhebt (man erkennt ihn an dem Sendeturm auf seinem Gipfel), gab Alarm, sobald sich Piratenschiffe am Horizont zeigten. Tatsächlich ließen sich die Freibeuter in der Folgezeit durch die Festungen von Machico abschrecken. Bis in die jüngste Vergangenheit blieb ein Militärposten in dem Gebäude stationiert. Heute hat eine Informationsstelle des Fremdenverkehrsamts in der alten Festung ihren Sitz.

In den drei offenen Hallen der **Lota** ❻, der Börse unmittelbar am Meer, wird der fangfrische Fisch gehandelt. Meistens landen die Fischer von Machico Thunfisch an.

Traditioneller Bootsbau

Dekor in der Capela dos Milagres

Edle Tropfen

MACHICO

Wenden Sie sich nun der Uferpromenade nach Süden, wo das Hotel „Dom Pedro" aufragt. Die kleine **Capela de São Roque** ❼ am Ende der Flaniermeile birgt wertvolle Fliesenbilder aus der Barockzeit mit Szenen aus dem Leben des Pestheiligen Rochus, leider ist sie fast immer verschlossen. Die Einheimischen suchen gerne die Rochusquelle auf, die unterhalb der Kapelle direkt aus den Küstenfelsen sprudelt. Ihr werden Heilkräfte verschiedenster Art nachgesagt.

Folgt man vom Hotel „Dom Pedro" der Hauptstraße Richtung Portela und Caniçal, so trifft man nach etwa 500 m auf der linken Seite auf die **Casa das Bordadeiras** ❽, wo Handstickereien angeboten werden. Wenn auch das Gebäude wenig einladend aussieht, so lohnt sich doch ein Blick hinein, denn die Ware stammt garantiert von Stickerinnen aus Machico. Eine schmale Stiege führt hinauf in den ersten Stock. In drei winzigen Räumen werden die von den Frauen in Heimarbeit gefertigten Stickarbeiten versäubert, gelagert und verkauft.

An der Küstenstraße westlich von Machico liegt der Ort **Agua de Pena**. Hier erhebt sich der nüchterne Bau des geschlossenen Fünfsternehotels „Atlantis". Seit Jahren schon schwebte das Damoklesschwert der Flughafenerweiterung über Agua de Pena. Die Landebahn soll bis Ende der 90er Jahre in Richtung Machico um 850 m verlängert werden, um größeren Flugzeugen als bisher die Landung zu ermöglichen; sie würde dann nur 180 m vom Hotel Atlantis entfernt verlaufen.

Proteste der Bevölkerung gegen die Flughafenerweiterung blieben aus. 1995 begannen die Bauarbeiten. Daraufhin gab der letzte Reiseveranstalter, der dem Hotel noch die Treue gehalten hatte, seine Bettenkontingente zurück. Das Atlantis mußte die Pforten schließen. Die Betreiber hoffen nun, die von der Regierung bisher verweigerte Enteignung und Entschädigung des gesamten Hotels „Atlantis" vor Gericht erzwingen zu können, die zugehörige Ferienbungalowanlage „Matur" wollen sie in eine Wohnanlage für Einheimische umwandeln.

Am Rand der Gruppe von Bungalows liegt der *Miradouro Francisco Alvarez de Nóbrega*, wo man eine schöne Aussicht über Machico genießen kann. Die Stelle wurde nach einem einheimischen Dichter benannt, der in ganz Portugal Berühmtheit erlangte. Francisco Alvarez de Nóbrega (1773–1807) wurde wegen seiner satirischen Verse, in denen er Kritik an der Kirche übte, von der Inquisition verfolgt und starb im Gefängnis. Vom Aussichtspunkt führt ein steiler Fußweg in vielen Serpentinen in ca. 15 Minuten hinab ins Stadtzentrum.

Praktische Hinweise

❶ **Forte Nossa Senhora do Amparo**, ☎ 96 22 89, ⏰ Mo–Fr 9–12.30, 14–17 Uhr, Mi erst ab 9.30 Uhr, Sa 9–12.30 Uhr.

🚌 Funchal (Linien 20, 23, 53, 78, 113, 156), etwa jede Stunde.

🏨 **Dom Pedro Baia,** Vila de Machico, ☎ 96 57 51, 📠 96 68 89. Schöner Blick über die Bucht von Machico. $
Pensão do Facho, Pracete do 25 Abril, ☎ 96 27 86. Einfache Pension mit Restaurant. $
Machico, Pracete do 25 Abril, ☎ 96 35 11. Pension mit einfach ausgestatteten Zimmern. $

🏨 **El Padriño,** Serra Agua. Gute Fischküche. $$$
O Xadrez, Caramachão, ☎ 96 58 89. Regionale Gerichte. $
Mercado Velho, am gleichnamigen Platz. Schöne, schattige Terrasse. $$

Nachtleben: Diskothek **Piccadilly** im Hotel „Dom Pedro Baia".

Der Bau großer Fischerboote ist in Machico ein altes Handwerk

58 Polyglott

Route 1

Der blütenreiche Osten

**Funchal – *Blandy's Garden –
*Camacha – *Machico – **Funchal
(90 km)

Nicht zu Unrecht wird Madeira die Insel des ewigen Frühlings genannt – auf dieser Route erhält man die Bestätigung. Die üppige Flora präsentiert sich nicht nur in Blandy's Garden, auch am Straßenrand begleiten einen Hortensien und blauer Agapanthus zuhauf. Den Weg von der Weidenrute bis zum fertigen Sessel kann man bei den Korbflechtern von Camacha verfolgen. Porto da Cruz an der Nordküste, ein Zentrum des Weinbaus, hält eine weitere Besonderheit bereit: Zur Zeit der Weinlese sind hier noch Schläuche aus Ziegenleder für den Transport des frischen Rebensaftes in Gebrauch. Mit bizarren Felsen wartet die wüstenhafte Ostspitze Madeiras auf, vom trockenen und sonnigen Klima profitieren auch die Orte an der Südostküste wie Machico oder Caniço de Baixo, die sich inzwischen zu kleinen Touristenzentren entwickelt haben.

Diese Route ist per Leihwagen oder Taxi leicht an einem Tag zu bewältigen. Möchte man den Linienbus benutzen, so sollte man eine Übernachtung in Santo da Serra, Machico oder Caniçal einplanen.

Östlich von Funchal windet sich die Straße steil hinauf zu ***Blandy's Garden** *(Quinta do Palheiro Ferreiro)*, 5 km. Eine von Kamelien gesäumte Allee führt vom Eingang bis zum Herrenhaus der Familie Blandy, das im oberen Teil des Parks Ende des 19. Jhs. im Kolonialstil errichtet wurde. Rechts geht es zum *Inferno*, einer grünen Hölle aus Baumfarnen und anderen Pflanzen. Äußerst gepflegt dagegen wirkt der eigentliche Garten, auf den die Blandys, die reichste Familie der Insel, von ihrem Haus hinabschauen können. Unzählige Pflanzen aus aller Herren Länder zählen zur Sammlung des Gartens, und selbst Botanikern dürfte es schwerfallen, sie alle zu bestimmen.

Immer wieder gibt es Überraschungen. Proteas, die südafrikanischen Nationalpflanzen, wurden von der aus Südafrika stammenden Mutter des jetzigen Besitzers hierher gebracht. Unterhalb des Herrenhauses wurde der *Versunkene Garten* im französischen Stil angelegt. Die symmetrisch angeordneten Hecken sind zu phantasievollen Gebilden geschnitten. In einem kleinen Teich in der Mitte des Parks blühen gelbe Seerosen. Lupinen und Milchsterne, Azaleen und Rhododendren gedeihen an den Ufern des Baches, der quer durch das Gelände fließt. Die kleine Barockkapelle stammt noch aus der Zeit, als Graf Carvalhal vor rund 200 Jahren den Garten als Jagdrevier anlegen ließ. Durch einen blütenüberspannten Laubengang geht es hinab in den *Garten der Dame*, dessen Hecken die Form von Truthähnen haben. In diesem ebenfalls im französischen Stil konzipierten Garten ist die Blütenpracht besonders üppig. Von hier aus blickt man auf den angrenzenden Golfplatz. ⊙ Mo–Fr 9.30–12.30 Uhr.

Das alte Herrenhauses, das Graf Carvalhal erbauen ließ, wird derzeit zu einem stilvollen Landhaus-Hotel umgebaut. Das Gelände in seiner unmittelbaren Nähe ist daher nicht zugänglich.

🚌 Funchal (Stadtbuslinie 36), stündlich.

Die Straße nach Camacha wird von Obstgärten gesäumt. Baumfarne rahmen die Häuser ein. Im Frühjahr blühen Apfelbäume neben Azaleen und Kamelien, im Sommer leuchten die blauen Blütenkugeln des Agapanthus am Straßenrand.

60 Polyglott

ROUTE 1

Das Zentrum von *Camacha (6500 Einw.), 10 km, liegt auf einem flachen Bergrücken. Steil fallen von hier die Hänge zur Südostküste hinab. Über Eukalyptuswälder und Terrassenfelder blickt man von einem Aussichtspunkt weit aufs Meer. Der Uhrturm des Café Relógio gleich neben dem Miradouro ist wohl dem Big Ben in London nachempfunden, denn die ersten Besitzer des Hauses waren reiche Engländer, die im 19. Jh. hier einen Sommersitz hatten.

Blandy's Garden

Heute ist das Gebäude Sitz der größten Exportfirma für Korbwaren auf Madeira, welche vor allem in Camacha gefertigt werden. In den Verkaufsräumen des Café Relógio stapeln sich regaleweise Körbe aller Art, sogar von der Decke hängen sie herab. Die Auswahl reicht von einfachen Körben über Hängeampeln für Blumen, Handtaschen, Zeitschriftenständer, Tabletts und Hüte bis hin zu Korbmöbelgarnituren. Beinahe

Aus Weiden geflochtene Tierfiguren sind heute eine Rarität

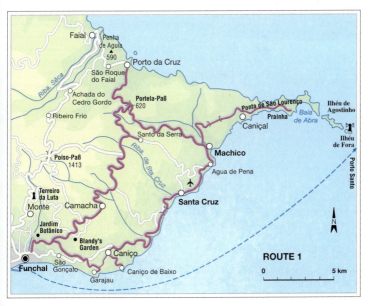

ROUTE 1

skurril wirkt die Sammlung von aus Korb geflochtenen Tieren, darunter Elefanten, Schweine, Löwen, Affen und Hirsche, die unverkäuflich sind, denn heute beherrscht niemand mehr diese Technik. Im zweiten Untergeschoß befindet sich die Werkstatt, wo man den Korbflechtern bei ihrer mühseligen und nicht besonders gut bezahlten Arbeit über die Schulter schauen kann. Der größte Teil der Korbwaren wird aber in kleinen Familienbetrieben quasi in Heimarbeit gefertigt.

Ein wichtiges historisches Ereignis hat sich 1875 auf dem Platz vor dem Café Relógio abgespielt. Eine Gedenktafel erinnert daran, daß hier das erste Fußballspiel auf portugiesischem Boden stattfand. Ein in Camacha ansässiger Engländer hatte einen Fußball aus seiner Heimat mitgebracht und zwei Mannschaften gegeneinander antreten lassen.

🚌 Funchal (Linien 29, 77), etwa jede Stunde.

🏠 **Café Relógio,** Largo da Achada, ☎ 92 21 14, 📠 92 24 15. Gasthof mit komfortabel ausgestatteten Zimmern. Ⓢ

🏠 **O Relógio,** Largo da Achada. Regionale Küche, Folklore. Ⓢ

Durch kleine Weiler mit Obst- und Gemüsegärten verläuft die Straße nun schier endlos und kurvenreich Richtung **Santo da Serra,** 21 km. Hier sollte man den Besuch der *Quinta do Santo da Serra* nicht versäumen. Der Eingang zu der riesigen Parkanlage liegt am Dorfplatz nach der Kirche. Ein von weißen Azaleen gesäumter Pflasterweg führt in das Gelände. Der Besuch lohnt vor allem im Frühjahr, wenn außer den Azaleen auch die Kamelien blühen. Im Sommer entfalten dann die Hortensien ihre ganze Blütenpracht. Versteckt hinter flechtenbewachsenen Baumriesen liegt das rosa getünchte Herrenhaus, das früher der Familie Blandy gehörte. Heute befindet sich das Gelände in öffentlicher Hand. Im Sommer kommen die Einheimischen gerne am Wochenende zum Picknick hierher. Es gibt Spiel- und Sportplätze und sogar einen kleinen Zoo. Folgt man dem Pflasterweg in den hinteren Teil des Gartens, so gelangt man zum *Miradouro dos Ingleses* mit weitem Ausblick über den Ostteil der Insel. Von hier aus ließ die Familie Blandy einst den Schiffsverkehr überwachen. Sobald ein Handelsschiff am Horizont gesichtet wurde, begab sich der Weinhändler Blandy so rasch wie möglich nach Funchal, um dort seine Geschäfte abzuwickeln.

Santo da Serra besitzt einen *Golfplatz*, den ersten Madeiras. Er verfügt über 18 Löcher, geplant ist eine Vergrößerung auf 27. Auch Gäste können hier den Schläger in die Hand nehmen. Gegenüber vom Golfplatz (man erreicht ihn, wenn man die Straße am Park vorbei weitergeht) auf einer Anhöhe wurde ein ehemals natürlicher Kratersee zu einem großen Wasserrückhaltebecken ausgebaut. Auf halbem Weg zwischen Parkgelände und Golfplatz steht am Straßenrand das ehemalige Klubgebäude der Golfer, das schon lange nicht mehr genutzt wird (es gibt inzwischen

---

Rohstoff Weide

In den Talgründen um Camacha stehen kleine Kopfweiden, die im März oder April geschnitten werden. Viele Bauern in dieser Gegend leben vom Verkauf der Weidenruten an die Korbflechterwerkstätten in Camacha. Zuvor müssen die Ruten jedoch noch bearbeitet werden. Man kocht sie zunächst in schweren Eisenbottichen. Der strenge Geruch des dabei entstehenden Dampfes durchzieht im Frühjahr die Dörfer. Im heißen Wasser löst sich die Rinde, die sich nun leicht abziehen läßt. Diese Arbeit wird meist von Frauen und Kindern verrichtet. Anschließend sortiert man die Ruten nach Größe, bündelt und stellt sie zum Trocknen auf, bis ein Lkw der Korbwarenfabrik sie abholt.

ROUTE 1

ein neues Klubhaus mit Snackbar und Restaurant). Das um die Jahrhundertwende errichtete schöne Haus trägt an einem Türmchen einen Jugendstilfries aus bunten Fliesen.

Von Santo da Serra aus bieten sich verschiedene Levada-Wanderungen an, z. B. nach Portela (s. u.) oder Ribeiro Frio entlang der Levada do Furado.

Hausschild aus Fliesen

🚌 Funchal (Linie 77), ca. 6mal täglich; Machico (Linie 20), ca. 5mal täglich.
🏨 **Estalagem do Santo,** ☎ 55 26 11, 🖷 55 25 96. Neues, kleines Hotel im tradionellen Baustil, familiäre Atmosphäre. ⑤
🏨 **A Nossa Aldeia,** regionale Küche. ⑤

Nun ist es nicht mehr weit zum 620 m hohen **Portela-Paß,** 26 km. Hier verläuft die Wetterscheide zwischen Süden und Norden der Insel. Oft wird es aber schon hinter Santo da Serra recht feucht. Im Winter ist diese Region unwirtlich, und man kann durchaus verstehen, daß die typische Wollmütze mit den Ohrenklappen, die *barrete de lã,* hier von den Männern noch gern getragen wird. Diese Mützen haben aber noch eine weitere Funktion: Wie es heißt, werden die Ohrenschützer tagsüber aufgerichtet. Abends aber, nach dem Genuß von ein paar Schnäpsen in der Kneipe, werden sie heruntergeklappt, damit die Männer zu Hause die lästigen Fragen ihrer Frauen nach dem Verbleib des Geldes nicht hören müssen.

Der imposante Penha de Aguia

Kochen der Weidenruten

Zu den wenigen Häusern am Portela-Paß zählt das vielbesuchte Restaurant **Casa da Portela** (☎ 96 61 69), das für seine Fleischspieße *(espetada)* bekannt ist. Dazu serviert der Wirt einen kräftig nach Brombeeren schmeckenden Rotwein, der in Porto da Cruz gekeltert wird. Porto da Cruz ist vom Portela-Paß aus gut zu überblicken. Die Häuser stehen weit verstreut auf den schmalen Bergrücken, die sich bis zur Küste hinunterziehen. Der 590 m hohe *Penha de Aguia* („Adlerfelsen"), das Wahrzeichen des Nordens, überragt den Ort. Der

Die Ruten werden geschält und in Bündeln getrocknet

Polyglott **63**

ROUTE 1

Die letzten Borracheiros

Ein aussterbender Beruf auf Madeira ist der des Trägers. An seine ehemalige Bedeutung erinnern in Funchal die Fliesenbilder an der Handelskammer und die Pflastersteinabbildungen in der Rua João Tavira. Kolonnen von 20 bis 30 Männern, die von Milchkannen über Hühner bis hin zu Feldfrüchten verschiedenster Art alles auf dem Rücken trugen, was von Ort zu Ort transportiert werden sollte, waren früher ein gewohntes Bild. Ein Netz von gut ausgebauten, an steilen Stellen gar mit Treppenstufen versehenen Pflasterwegen überzog die Insel. Maultiere als Transportmittel waren auf Madeira seit eh und je unbekannt, wohl weil das Futter für die Tiere knapp und teuer war. Noch vor wenigen Jahren hatten große Teile der zersiedelten Kulturlandschaft keinen Anschluß an die Außenwelt. Inzwischen wurde und wird der Straßenbau mit Mitteln der EU verstärkt betrieben, so daß die Träger ein seltener Anblick geworden sind. Nicht aber in Porto da Cruz: Hier sind zur Zeit der Weinlese noch die Borracheiros im Einsatz, jene Männer, die die Borrachos tragen. Dies sind Schläuche aus Ziegenhaut, in denen man den frisch gepreßten Wein aufbewahrt. Gleich in der Nähe des Weinbergs wird der edle Rebensaft mit altertümlichen Holzpressen gewonnen oder das Lesegut gar mit den Füßen gestampft. Für den Transport zum oft weit entfernten Faß füllt man den Wein in eine umgekrempelte Ziegenhaut, deren Enden mit Kordeln zugebunden werden. Ein einmaliges Spektakel ist es, wenn die Borracheiros mit den Schläuchen auf dem Rücken in den Ort einziehen. Borracho heißt übrigens auf Portugiesisch auch „betrunken", und nüchtern dürfte bei dieser heute eher als Spaß empfundenen Arbeit wohl keiner der Männer bleiben.

---

auch heute noch schwer zugängliche Berg erhielt seinen Namen von den Fischadlern, die früher hier lebten.

Wer sich für die Weiterverarbeitung des Zuckerrohrs interessiert, kann vom Portela-Paß aus einen Abstecher ins 6 km entfernte **Porto da Cruz** machen. Die Brandung an den zwei grobkiesigen Stränden ist beeindruckend, Baden allerdings sehr gefährlich.

Auf der Landspitze zwischen beiden Stränden steht eine der wenigen verbliebenen Zuckermühlen Madeiras. Nach der Ernte des Zuckerrohrs von März bis Mai kann man hier zuschauen, wie aus dem süßen Gras ein heller, hochprozentiger Schnaps *(aguardente de cana)* destilliert wird. Rund 3000 l werden täglich gewonnen. Den Rest des Jahres stehen die Anlagen still. Zur Weinlese im September wartet Porto da Cruz mit einer weiteren Besonderheit auf: den *Borracheiros* (s. o.).

🚌 Funchal, Machico (Linien 53, 78), ca. 5mal täglich; Funchal über Faial (Linie 56), 1mal täglich.
🏨 **Penha d'Ave,** Casas Próximas. Regionale Küche, bekannt für tropische Obstdesserts. ⓢ
Praça Velha, Casas Próximas, ☎ 56 26 63. Schöne Terrasse am Meer. ⓢ

Vom Portela-Paß das Machico-Tal abwärts geht es jetzt zurück zur Südseite der Insel. Akazien, die sich im zeitigen Frühjahr in ein zartgelbes Blütenkleid hüllen, säumen die Straße. Von den Einheimischen werden sie *Mimosa* genannt, und in der Tat gehören die Gewächse mit den fiedrigen Blättern zur botanischen Unterfamilie der Mimosen.

Am Ende des schönen Tals an der Küste liegt *Machico*, 34 km, die zweitgrößte Stadt Madeiras (s. S. 54). Auf der Weiterfahrt Richtung Caniçal lohnt ein Blick zurück über das Machico-Tal mit seinen zahlreichen kleinen Terrassenfeldern. Einst wurde im Machico-Tal viel Zuckerrohr angebaut, heute sind nur noch wenige Felder übriggeblieben. Abnehmer des frisch geschnittenen Rohrs ist die Zuckermühle von Porto da Cruz (s. S. 64).

Nach einem Tunnel fühlt man sich in eine andere Welt versetzt: Plötzlich erscheint die Landschaft wie ausgetrocknet, es gibt keine Felder mehr, Palmen säumen die Straße. Bevor in den 50er Jahren der Tunnel gebaut und mit ihm eine Levada nach Caniçal geführt wurde, war Ackerbau in dieser Region nicht möglich. Die Bewohner konnten lediglich etwas Viehzucht betreiben, waren aber ansonsten auf die Fischerei angewiesen.

Zuckerrohrfeld

Auch **Caniçal,** 43 km, verfügt noch heute über eine recht große Fangflotte, die aus kleineren offenen Booten wie auch aus hochseetauglichen Thunfischkuttern besteht. Sie ankern in der Bucht vor dem Ort oder werden bei schlechtem Wetter auf den steinigen Strand hinaufgezogen. Die kleine ortseigene Werft führt die Reparaturen der Boote aus. In Hafennähe befindet sich das *Walmuseum* (Museu da Baleia; ⏱ Di–Fr 10–12, 13–17 Uhr; Sa, So, Fei 10–12, 13–18 Uhr). Unbestrittenes Prunkstück der Sammlung ist das naturgetreue Modell eines riesigen Pottwals. Die Gegenüberstellung dieser Nachbildung mit einem geradezu filigran wirkenden hölzernen Fangboot macht dem Besucher die Gefahren des Walfangs deutlich. Eine Fototafel erinnert an die Männer, die mit den winzigen Booten den Giganten des Meeres nachruderten, um sie mit Lanze und Harpune zu erlegen. Seit 1982 ist der Walfang auf Madeira verboten, sind der Pottwal und andere Meeressäugetiere in den Gewässern rund um die Insel streng geschützt. Gerardo, der Kassenwart, zeigt gern einen Film in deutscher Sprache, der

Edle Früchte

Fangflotte von Caniçal

Walfang – heute verboten

die Greuel des Walfangs von früher, aber auch die Probleme mit dem Naturschutz von heute ungeschminkt vor Augen führt. Ein Andenkenstand bietet holzgeschnitzte Modelle von Walfangbooten und Schnitzereien aus Walknochen zum Verkauf an. Die Knochen der riesigen Tiere dienten einst als Zaunpfähle, diese Altbestände werden jetzt von den Handwerkern verarbeitet. Tatsächlich sollen aber die meisten Schnitzereien, wie es heißt, mittlerweile aus Rinderknochen gefertigt sein.

In einem der kleinen Cafés rund um den Hafen kann man meist auch dann die Sonne genießen, wenn der Rest der Insel sich in Wolken hüllt.

Funchal, Machico (Linie 113), mehr als 10mal täglich.
Residencial Prainha Sol, Palmeira Cima, ☎ 96 24 38, ℻ 96 16 56. Schlichtes Haus an der Hauptstraße. ⑤

Östlich von Caniçal wurde eine große Freihandelszone *(Zona Franca)* geschaffen, in der Hoffnung, ausländische Betriebe würden sich niederlassen und Arbeitsplätze für die Region schaffen. Doch bislang sind nur drei einheimische Unternehmen aus Funchal hierher umgezogen. Der neue Hafen der Zona Franca liegt verwaist da und dient bei stürmischem Wetter den Fischerbooten von Caniçal als sicherer Anlaufpunkt.

Von Caniçal führt die Straße weiter hinaus auf die Ostspitze Madeiras, die **✷✷ Ponta de São Lourenço,** 48 km. Von ihrem Endpunkt an der *Baia de Abra* kann man zu Fuß auf einem schmalen Pfad bis zur Spitze der Halbinsel weiterlaufen (hin und zurück ca. 3 Std.). Trittsicherheit und gutes Schuhwerk sind erforderlich. Der Leuchtturm, den man schon von der Abra-Bucht aus sieht, ist zu Fuß nicht erreichbar, denn er steht auf einer vorgelagerten Insel. Bei klarem Wetter blickt man auch hinüber zu drei unbewohnten Inseln, den *Desertas.* Einst war die ganze Halbinsel bewaldet, doch hat man schon frühzeitig mit der Abholzung begonnen und dann Ziegen hier weiden lassen, was einen Baumwuchs nicht mehr aufkommen ließ. Seit einigen Jahren steht das Gebiet unter Naturschutz, und man hofft, daß sich die ursprüngliche Vegetation allmählich regenerieren wird. Im Frühjahr ist die ansonsten kahle Halbinsel kaum wiederzuerkennen, denn zu dieser Jahreszeit wird sie von einem Meer von Blüten bedeckt.

Auf der Rückfahrt bietet sich ein Abstecher zur *Prainha* an, dem einzigen Sandstrand Madeiras. An Sommerwochenenden kommen die Einheimischen gerne hierher zum Baden und Picknicken. Die Prainha grenzt an einen kleinen Vulkankegel, auf dessen Spitze sich die hübsche *Capela da Senhora da Piedade* erhebt. Sie ist alljährlich am dritten Wochenende im September Ziel einer Bootsprozession, bei der ein Bild „Unserer Lieben Frau der Frömmigkeit", das zuvor nach Caniçal getragen worden war, feierlich in die Kapelle zurückgebracht wird.

Windräder auf dem Kamm der Halbinsel liefern Energie für den Ort Caniçal und die Freihandelszone auf Madeira; die Windenergie hat insgesamt einen Anteil von 6,5 % an der Gesamtenergieversorgung der Insel.

Über Machico geht es nun an der Südküste entlang zurück Richtung Funchal. Nach *Agua de Pena* (s. S. 58) taucht die gigantische Säulenkonstruktion der Verlängerung der Landebahn des Flughafens auf. 1985 wurde dieser Teil in Betrieb genommen, zuvor galt der im Jahr 1964 eröffnete Flughafen von Madeira als äußerst gefährlich. Von den Einheimischen wird er heute noch scherzhaft als Flugzeugträger bezeichnet. Direkt unter der Landebahn verläuft zwischen den Stelzen die Küstenstraße.

Santa Cruz (10 000 Einw.), 69 km, wird selten besucht, denn die Nähe des Flughafens hat eine touristische Entwicklung verhindert. Schade, denn Santa Cruz lohnt durchaus einen kurzen Aufenthalt. Am grobkiesigen Strand wurden Dattelpalmen gepflanzt. Dazwischen liegen die bunten Fischerboote und ein paar wenige Sonnenhungrige. Ins Wasser springen kann man auch in der funkelnagelneuen Badeanlage *Praia das Palmeiras* mit einem Pool, über den ein recht skurriles Exemplar eines Pottwals wacht.

Die *Markthalle* von Santa Cruz ist bekannt für ihr gutes Angebot an frischem Fisch. An der nüchternen Halle fällt der aus großen Fliesen gestaltete Fries am Eingang auf, den der portugiesische Künstler *Outeiro Agueda* schuf. Er zeigt Fischer und Fischhändler, Ackerbauern bei der Bodenbearbeitung und Frauen bei der Aussaat (○ Mo–Sa 7–16 Uhr, So 7–12 Uhr).

Quinta Spléndida – altes Herrenhaus in neuem Glanz

Charakteristisch für Santa Cruz sind die herrlichen Parks, wie z. B. die Anlage gleich hinter dem Strand mit einem postmodernen Café oder die in der Nähe des Rathauses, wo aus zwei Brunnen köstliches Trinkwasser sprudelt. Das Rathaus sowie die Pfarrkirche São Salvador zieren Steinmetzarbeiten aus manuelinischer Zeit.

🚌 Funchal, Machico (Linien 20, 23, 25, 53, 78, 113, 156), stündlich.
🏨 **Matos,** Rua da Praia 31, ☎ 52 21 62. Zentrale Lage. $
🏨 **Albatroz,** Sítio da Terça, ☎ 52 41 42. In privatem Strandklub auf dem Gelände eines alten Herrenhauses. $

Modernes Fliesenbild an der Markthalle von Santa Cruz

Das Zentrum von **Caniço** (8000 Einw.), 80 km, gruppiert sich rund um die Pfarrkirche aus dem 18. Jh., die sowohl dem Heiligen Geist als auch dem hl. Antonius von Padua geweiht ist, wie man einer Tafel über dem Portal entnehmen kann. Dies resultiert aus der Zeit, als in Caniço zwei Kirchengemeinden bestanden, denn hier verlief die Grenze zwischen den Lehensgebieten von Funchal und Machico. Als Ende des vorletzten Jahrhunderts

Madeiras imposante Ostspitze: Ponta de São Lourenço

beide Kirchen baufällig waren, entschloß man sich, die Gemeinden zusammenzulegen. Die Kirchenfront ist im Barockstil gehalten. Ein schwarzweißes Pflastermosaik mit Rankenmuster führt zum Eingang. Innen ist die Kirche schlicht, die barocken Altäre sind weiß bemalt und nur spärlich mit Blattgold verziert.

Auf dem Kirchplatz treffen sich die Einheimischen, und obwohl in den Ortsteilen Caniço de Baixo und Garajau der Fremdenverkehr heute eine große Rolle spielt, geht das Leben in Caniço noch einen recht geruhsamen Gang. Die wenigen kleinen Geschäften und Kneipen sind Treffpunkte der Einheimischen, Touristen sieht man kaum.

Jüngst entstand am südlichen Ortsrand mit wunderschönem Blick auf das Meer die wohl idyllischste Ferienanlage Madeiras, die 🏨 **Quinta Spléndida** (☎ 93 40 27, 📠 93 46 88). Um ein altes Herrenhaus inmitten eines gepflegten Parks entstanden neue Studios und Appartements, die architektonisch sehr gelungen im traditionellen Stil gehalten sind.

🚌 Funchal (Linie 2), ca. jede Stunde. Weitere Buslinien nach Funchal und Machico passieren auf der Hauptstraße oberhalb des Zentrums.

🏨 **Lareira,** Sítio da Vargem, ☎ 93 32 84. Zentrale Lage. $

🏨 **A Lareira,** Sítio da Vargem. Gemütliches Kaminzimmer. $

O Boieiro, Vigueirinhas. Originelle Einrichtung mit alten Ochsenschlitten. $

Caniço de Baixo, 83 km, verfügt über eine ganze Reihe weiterer Hotels, Ferienhäuser und Bungalowanlagen. Zu den Hotels **Rocamar** und **Galomar** gehören Felsbadeanlagen, die auch öffentlich zugänglich sind. Tauchen macht hier den besonderen Spaß, da aufgrund der Unterwasserschutzzone hier wieder viele sonst verschwundene Fischarten heimisch wurden. Im Osten grenzt der kleine steinige Strand von *Reis Magos* an, an dem bis vor wenigen Jahren nur einige Fischerhütten standen, die von Einheimischen an Wochenenden genutzt wurden. Auch hier wurde jüngst ein Hotel (🏨 **Oasis Atlántic,** ☎ 93 44 44) gebaut. Caniço de Baixo ist fest in deutscher Hand. Während im Hotelviertel von Funchal eher Englisch Umgangssprache ist, überwiegt hier eindeutig Deutsch.

🚌 Funchal (Linie 155), ca. 6–12mal täglich.

🏨 **Galomar,** ☎ 93 24 10. Bewährtes Haus unter deutscher Leitung mit schöner Gartenterrasse und eigener Felsbadeanlage. $

Rocamar, ☎ 93 33 34, 📠 93 30 44. Direkt am Meer mit eigener Felsbadeanlage. $

Zwei Straßen führen von Caniço nach Funchal. Die obere direkt, die untere über den Ortsteil *Garajau,* wo es ebenfalls Ferienhäuser, ein Hotel und einen wunderschönen Aussichtspunkt gibt. Von der Aussichtsterrasse blickt man Richtung Westen bis in die Bucht von Funchal, in östlicher Richtung zur *Ponta da Oliveira,* der „Olivenbaumspitze", an der wohl früher einmal wilde Ölbäume wuchsen. Jetzt stehen hier die Hotels von Caniço de Baixo.

🚌 Funchal (Linien 136, 155), ca. 3–11mal täglich.

🏨 **Dom Pedro Garajau,** Quinta de Garajau, ☎ 93 24 21, 📠 93 44 54. Aparthotel, weitläufige Anlage, hoch über der Steilküste. $

Auf einer Anhöhe im Osten Funchals nahe Blandy's Garden liegt der neue, 1993 eröffnete Golfplatz *Palheiro Golf,* der zweite Madeiras. Er ist über die Hauptstraße vom Flughafen Richtung Funchal zu erreichen. Auch Nichtgolfer können zum Klubhaus fahren und von der Terrasse, auf Korbmöbeln bei einem Drink sitzend, den wunderschönen Blick über die Bucht von Funchal genießen.

Bizarr ragen die Felsen an der Ponta de São Lourenço auf

Route 2

Rund um die höchsten Gipfel

**Funchal – **Pico do Arieiro –
*Santana – **São Vicente – Porto Moniz – **Funchal (212 km)

Die Fahrt von Funchal zum 1818 m hohen Pico do Arieiro bildet den eindrucksvollen Auftakt dieser Route in die zerklüftete Bergwelt Madeiras. Die Aussicht vom dritthöchsten Gipfel der Insel wird man so schnell nicht vergessen – gutes Wetter vorausgesetzt. Durch dichte Lorbeerwälder geht es hinunter zur fruchtbaren Nordküste. In Santana mit seinen strohgedeckten Häusern oder im malerischen Ort São Vicente würde man am liebsten etwas länger verweilen, wenn nicht der abenteuerliche Abschnitt der Küstenstraße nach Porto Moniz locken würde. Die Badesachen sollte man im Sommer auf jeden Fall einpacken, denn das Meerwasserschwimmbecken von Porto Moniz ist einmalig. Schließlich geht es noch einmal ins Gebirge zum Encumeada-Paß und über den lebhaften Fischerort Câmara de Lobos zurück nach Funchal.

Mit Leihwagen oder Taxi kann die Fahrt an einem Tag durchgeführt werden, nach Möglichkeit sollte man aber eine Übernachtung in Santana, São Vicente oder Porto Moniz einplanen. Reisende ohne Auto können sich von einem Taxi zum Pico do Arieiro bringen lassen, von dort über den Pico Ruivo nach Santana wandern und den Rest der Strecke per Bus zurücklegen.

Verläßt man Funchal über Monte in Richtung Gebirge, wird die Besiedlung bald von einem dichten Akazienwald abgelöst, der im Frühjahr, im März oder April, mit seiner gelben Blütenpracht besticht. Während in Funchal die Sonne scheint, trifft man hier oft auf dichten Nebel.

Terreiro da Luta, 7 km, liegt oberhalb von Monte einsam inmitten des Waldes. An der Straßenabzweigung steht noch die ehemalige Bergstation der Zahnradbahn, die ab 1912 über Monte nach Terreiro da Luta verkehrte, nach einem schweren Unfall in den 40er Jahren aber stillgelegt wurde. Von der kleinen Parkanlage kann man die prächtige Aussicht über die Bucht von Funchal genießen.

Ein paar hundert Meter weiter erhebt sich das *Denkmal der Jungfrau vom Frieden.* Spuren von Kerzenwachs und Reste vertrockneter Blüten zeigen, daß immer wieder Gläubige zur Marienstatue wallfahren. Die aus hellem Marmor gefertigte Madonnenfigur thront auf einem dunklen Podest, das mühselig aus unzähligen kleinen Basaltsteinen zusammengesetzt wurde. Der Fuß des Denkmals ist von einer Ankerkette umgeben, auf der dickes Basaltgeröll gleich einem riesigen Rosenkranz aufgefädelt wurde. Gleich nebenan steht eine winzige Kapelle mit dem vielsagenden Wort *Pax* („Frieden") an der Fassade, das an die eigentliche Bestimmung der Anlage erinnert.

Während des Ersten Weltkriegs hatte Portugal auf Veranlassung Großbritanniens alle deutschen Besitztümer beschlagnahmt. Daraufhin erfolgte 1916 die Kriegserklärung Deutschlands an Portugal. Madeira wurde nur einmal kurz in die Kampfhandlungen einbezogen, als ein deutsches U-Boot ein im Hafen von Funchal liegendes französisches Kriegsschiff versenkte. Darüber geriet die Bevölkerung in Angst und Schrecken und zog in einer großen Bittprozession nach Monte. Der Pfarrer legte während der Messe das Gelübde ab, nach Kriegsende in Terreiro da Luta ein Denkmal für die Madonna zu errichten.

Aus Spenden finanziert, konnte das Werk 1927 vollendet werden. Die rosti-

ROUTE 2

ge Ankerkette stammt von dem versenkten Kriegsschiff. Als der Kopf der Statue, der stets Richtung Funchal schaute, sich vor einigen Jahren plötzlich nach Osten drehte, waren die Gläubigen schockiert. Ein Riß im Marmorgestein stellte sich als erklärbare Ursache heraus.

🚌 Funchal (Linien 56, 103, 138), ca. 7mal täglich.

Fährt man weiter hinauf in die Berge, wird die Straße von Madeira-Zedern gesäumt, die majestätisch die Fahrbahn überspannen. Die berühmte Decke der Kathedrale von Funchal ist aus dem

Eindrucksvolle Wanderung vom Pico do Arieiro zum Pico Ruivo

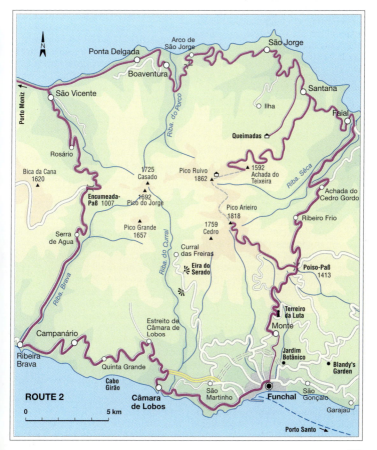

ROUTE 2

Holz dieser gigantischen Bäume geschnitzt, die an ihrem natürlichen Standort recht selten geworden sind.

Die Straße zum ****Pico do Arieiro**, 20 km, zweigt am *Poiso-Paß* ab. Sie windet sich rasch zum dritthöchsten Gipfel Madeiras hinauf. Die Landschaft ändert sich schlagartig. Hier oben ist es kahl, lediglich Farne und Beerensträucher bedecken die Hänge. Ab und zu springen zwei oder drei Schafe mit ihrem langen, zotteligen Fell über die Straße. Schon von weitem ist das große weiße Gebäude des Gipfelhotels auszumachen, der staatlichen **Pousada do Pico do Arieiro** (2 30 10, 95 25 40). Ende der 80er Jahre errichtet, gilt sie als hervorragender Ausgangspunkt für ausgedehnte Bergwanderungen. Kurz unterhalb des Gipfels gabelt sich die Straße.

Biegt man nach rechts ab, zeigt nach kurzer Zeit ein Wegweiser zum *Miradouro do Juncal*, zu dem ein gut ausgebauter Pflasterweg führt: etwa 400 m zu Fuß, die sich lohnen. Man blickt von dort weit in die Täler von *Ribeiro Frio* und *Fajã da Nogueira*, die dicht bewaldet zur Nordküste hinunterziehen. Im Gipfelhotel sollte man die Spezialität des Hauses probieren, einen *poncha*. Dieses feurige Getränk aus Zuckerrohrschnaps, Honig und Zitronensaft hilft einem auch bei schlechtestem Wetter wieder auf die Beine. Vom Parkplatz, auf dem Andenkenverkäufer mit dicken Pullovern und den typischen Wollmützen auf Käufer warten, sind es nur noch ein paar Schritte bis zum Gipfelplateau, wo man noch einmal die Rundumsicht genießen kann. Ein gut ausgebauter Fußweg, der vielleicht schönste Madeiras, verläuft über den zentralen Bergkamm bis zum ****Pico Ruivo** (ca. 2,5 Std. Gehzeit). Wenn die Wolken aufreißen, bieten sich auf der Tour die herrlichsten Panoramen der zerklüfteten Bergwelt. An einigen Stellen muß man schwindelfrei sein, und festes Schuhwerk sowie eine Taschenlampe (zwei Tunnels sind zu passieren) sind ohnehin ein Muß.

Vom Poiso-Paß geht es nun hinab auf die Nordseite Madeiras, die vom Charakter her so ganz anders ist als der Süden. Die Hänge sind dicht mit dem ursprünglichen Lorbeerwald bewachsen, der sich scheinbar endlos ausbreitet. Nur wenige Wege dringen in die „grüne Hölle" vor.

Bei **Ribeiro Frio**, 33 km, bietet sich die seltene Gelegenheit, diesen Waldtypus zu erkunden. Auf einem von der Forstverwaltung angelegten kleinen *Lehrpfad* sind die wichtigsten Pflanzen des Lorbeerwaldes geschildert. Gegenüber befindet sich die staatliche Forellenzuchtanlage. Vom Jungfisch bis zur ausgewachsenen Forelle kann man alle Stadien der Fischaufzucht verfolgen. In **Victor's Bar** (57 58 98) lädt ein gemütliches Kaminzimmer zum Aufwärmen ein. Wer um die Mittagszeit eintrifft, sollte sich eine heißgeräucherte, garantiert fangfrische Forelle schmecken lassen.

Schöne *Wanderungen* sind in der Umgebung von Ribeiro Frio möglich. Ein Spaziergang (hin und zurück ca. 1 Std.) führt etwas unterhalb der Gasthäuser von Ribeiro Frio nach links entlang der Levada do Furado zum Aussichtspunkt *Balcões*. Von dort blickt man weit über das zentrale Bergland mit den höchsten Erhebungen der Insel.

Eine längere Wanderung kann man an der Levada do Furado in entgegengesetzter Richtung unternehmen. Durch dichten Lorbeerwald gelangt man zum Lamaceiros-Wasserhaus, von wo man zum Portela-Paß hinabsteigen kann (insges. rund 3,5 Std. Gehzeit). Dieser Weg überwindet keine nennenswerten Höhenunterschiede, jedoch sind auch hier Schwindelfreiheit und Trittsicherheit Voraussetzung.

Funchal (Linien 56, 103, 138), ca. 7mal täglich.

Bald verläßt man die Lorbeerwaldzone und kommt wieder in besiedeltes Gebiet. Unzählige kleine Ackerterrassen säumen die Straße, an deren Rand im

ROUTE 2

Frühjahr Ginster und Margeriten blühen. Dann hat man die Qual der Wahl zwischen zwei landschaftlich gleich schönen Strecken, die nach Faial führen, die rechte Straße ist ein wenig kürzer. Sie scheint direkt auf einen großen Bergklotz zuzuhalten, der die tief eingeschnittenen Täler steil überragt. Es ist der *Penha de Aguia* (Adlerfelsen), das Wahrzeichen des Nordens.

Das Landschaftsbild ist vielfältiger als im Süden. Bananen sieht man hier nur selten. Das Klima im Norden Madeiras ist viel zu rauh für diese empfindliche Pflanze, wenngleich andere tropische Obstsorten angebaut werden können: Japanische Mispel, Stechapfel, Papaya, Mango und Maracuja. Auf einigen Feldern wächst sogar noch Zuckerrohr. Die kleinen Hütten, die überall zwischen den Feldern stehen, dienen als Ställe. In ihnen halten die Bauern ein oder zwei Kühe. Doch die Tiere werden in der Regel nicht auf eine Weide getrieben, sondern alles Futter wird mühsam herbeigeschafft. Und meistens sind es die Frauen, die die riesigen Grasbündel auf dem Kopf transportieren.

Faial, 43 km, der erste Ort an der Nordküste, zwängt sich hoch über dem Meer an die Steilküste. Einen besonderen Akzent setzt seine schmucke Kirche in dem malerischen Bild. Etwas oberhalb des Ortes ermöglicht ein hübscher kleiner *Miradouro* nochmals einen Blick hinüber zum Adlerfelsen, ehe es an der Küste Richtung *Santana* (s. S. 74) weitergeht. Gleich am Ortseingang führt links eine schmale Straße zur *Achada do Teixeira* (63 km) hinauf. Von hier aus geht man zu Fuß auf einem bequemen Weg in nur 45 Minuten auf den ****Pico Ruivo.** Unterwegs lädt eine Quelle zu einem kühlen Trunk ein. Man passiert die Schutzhütte, in der man nach Voranmeldung (beim Governo Regional in Funchal) übernachten kann und so die Gelegenheit hat, vom nahen Gipfel (15 Min.) nicht nur das grandiose Panorama zu genießen, sondern auch den Sonnenauf- oder Sonnenuntergang.

Denkmal der Jungfrau vom Frieden in Terreiro da Luta

Madeiras zerklüftete Bergwelt

Polyglott 73

ROUTE 2

*Santana (5000 Einw.), 73 km. Mit diesen Ort verbindet man unweigerlich die kleinen strohgedeckten Häuser. Über hundert gibt es davon noch im Dorf, die meisten sind von älteren Leuten bewohnt, einige hat man allerdings mittlerweile zu Kuhställen umfunktioniert. Die Hauptstraße führt am Restaurant **O Colmo** vorbei, neben dem ein Strohhaus errichtet wurde, das man besichtigen kann. In der Nähe des neuen Rathauses hat das Fremdenverkehrsamt einige strohgedeckte Häuser renoviert, die ansonsten wohl dem Abriß anheimgefallen wären.

Die generell sehr steile Nordküste bildet hier in Santana ein Plateau, die Feldterrassen sind größer als anderswo. Man baut viel Gemüse an und pflanzt auch die kleinen Kopfweiden, deren Ruten den Korbflechtern von Camacha als Rohmaterial dienen. Besonders schön ist es hier im Frühjahr, wenn die weißen Blütenkelche der Calla die Straßen einrahmen. Zu dieser Jahreszeit blühen auch die blauen Kerzen des Natternkopfs, der besonders typisch für Madeira ist.

Funchal (Linien 103, 138), ca. 3–6mal täglich; São Vicente (Linie 132), 1mal täglich.
O Colmo, Serrado, ☎ 57 24 78, 57 43 12. Zentrale Lage. $
Quinta do Furão, Achada do Gramacho, ☎ 57 21 32. Schöner Blick über die Steilküste, regionale Spezialitäten, Weinkeller. $

An der Straße nach São Jorge, nicht weit vom Zentrum Santanas, trifft man auf die Abzweigung nach **Queimadas**, 78 km. Eine winzige Pflasterstraße führt zu dem kleinen Weiler. Regierungseigene, strohgedeckte Ferienhäuser, etwas größer als ihre Verwandten in Santana, stehen inmitten einer idyllischen Parkanlage mit riesigen Rhododendren. Tische und Bänke laden zu einem Picknick ein, verschiedenste Wege für eine Wanderung stehen zur Auswahl.

São Jorge, 92 km, liegt hoch über dem Tal der Ribeira de São Jorge auf einem Bergrücken. Er ist einer der Orte Madeiras, die sich ihre Ursprünglichkeit bewahrt haben. So stehen hier ebenso wie in Santana noch zahlreiche kleine strohgedeckte Häuser.

Die barocke *Pfarrkirche von São Jorge (1761) gilt als kunsthistorisch wertvollste Kirche im Norden der Insel. Nicht nur der Hauptaltar, sondern auch die Seitenaltäre sind kunstvoll aus Holz geschnitzt und gedrechselt und reich mit Blattgold belegt. Nur die Kathedrale von Funchal kann sich in der Pracht der Verzierung noch mit der Kirche von São Jorge messen. Auf dem vierstufigen Hauptaltar thront die kleine Figur des hl. Georg, des Drachentöters. Tafelbilder und Fresken stellen Szenen aus dem Leben des Heiligen dar. Ein Jammer ist nur, daß die Vergoldung schon kräftig abzublättern beginnt und das Kircheninnere dringend eine Restaurierung benötigt, für die dem Ort jedoch das Geld fehlt.

Häuser aus Holz und Stroh

Bei den traditionellen strohgedeckten Bauernhäusern gibt es in der Regel auf jedem der beiden Stockwerke nur einen Raum. Im Parterre wird er durch eine Bretterwand in einen Wohn- und einen Schlafbereich mit spärlichem Mobiliar unterteilt. Im Dachboden, der lediglich über eine Leiter von außen zu erreichen ist, schliefen früher die Kinder. Wegen der Feuergefahr – schließlich besteht das Haus nur aus Holz und Stroh – befand sich die Kochstelle ursprünglich stets im Freien. Heute sind Küche und Bad meist in einem Anbau untergebracht – finanzielle Hilfen der Regierung machen es möglich. Das Leben spielt sich nicht mehr, wie noch vor wenigen Jahren üblich, vorwiegend außerhalb des Hauses ab.

ROUTE 2

🚌 Funchal (Linien 103, 138), ca. 3–6mal täglich; São Vicente (Linie 132), 1mal täglich.

Arco de São Jorge. Noch vor der Ansiedlung liegt hoch oberhalb der Steilküste das Restaurant **As Cabanas** (☎ 57 62 91; auch Bungalowanalge) mit einem großen Souvenirladen, bei dem alle Reisebusse halten, die auf Inselrundfahrt unterwegs sind. Nichtsdestotrotz ist der Blick vom nahen *Miradouro* einfach umwerfend. Tief unten liegen die Häuser von Arco de São Jorge, früher ein Zentrum des Gemüseanbaus. Viele Bewohner sind inzwischen abgewandert. Die Felder wurden in Weinberge umgewandelt, um die man sich am Wochenende kümmert.

Ein Tunnel verbindet Arco de São Jorge mit **Boaventura,** 108 km. In einem alten Herrenhaus ist ein nettes kleines Hotel untergebracht, das **Solar de Boaventura** (☎ 86 38 88, 📠 86 38 77), das sich hervorragend für einen geruhsamen Urlaub eignet.

🚌 Funchal (Linien 6, 103), ca. 7mal täglich.

Ponta Delgada mit seinem bei Flut von der Brandung überspülten Meerwasserschwimmbecken ist einmal im Jahr, am ersten Sonntag im September, das Wallfahrtszentrum Madeiras. Dann kommen Gläubige von überall her, um Jesus Christus zu verehren. Die hölzerne Figur des *Senhor Bom Jesus* wurde angeblich im 15. Jh., also in der Gründungszeit des Ortes, an der Küste angespült. Man errichtete daraufhin eine erste Kapelle. Im Verlauf der Jahrhunderte gewann das Fest zu Ehren des Bom Jesus immer mehr an Bedeutung. Zwar wurde die alte Kirche 1908 bei einem Brand fast völlig zerstört, doch konnte man einen winzigen verkohlten Rest des Kruzifixes retten. Dieser wird seither in der neu errichteten Kirche inbrünstig verehrt.

🚌 Funchal (Linie 6), 3mal täglich.

★★São Vicente (6500 Einw.), 117 km, ist einer der schönsten Orte Madeiras.

Traditionelle Bauernhäuser in Santana

Typisch für den Barock sind die mit Blattgold belegten Altäre

Hinterland bei Boaventura

ROUTE 2

Malerische Gassen mit herausgeputzten Häusern und kleinen Geschäften laden zu einem Bummel ein. Am Ortsrand nahe der Hauptstraße wurde vom *World Wide Fund for Nature* ein Garten mit allen auf Madeira endemischen Pflanzenarten der Küstenvegetation angelegt, wie z. B. der Madeira-Geranie, dem Blauen Natternkopf und der Gefiederten Wucherblume. Insbesondere im Frühjahr quillt der Garten über vor Blüten.

Mittelpunkt und Blickfang des Ortes ist die barocke *Pfarrkirche,* die sich an die Steilwand des São-Vicente-Tales duckt. Die Zahl 1943, das Jahr der Renovierung, steht auf dem schwarz-weißen phantasievollen Pflastermosaik vor der Kirchentür zu lesen. Auch ein Segelschiff fehlt nicht auf der Darstellung, das Symbol des Märtyrers Vincentius, dessen Leiche von einem Schiff ins Meer geworfen wurde. Erbaut wurde das Gotteshaus bereits im 17. Jh., und es ist vielleicht eines der schönsten der Insel.

Altarraum und Seitenaltäre sind reich mit *Talha dourada* ausgestattet, der typischen Holzschnitzerei portugiesischer Kirchen, die ganze Wände von oben bis unten bedeckt und reich mit Blattgold belegt ist. Da São Vicente nie eine reiche Gemeinde war und das Gold nicht für alle Altäre reichte, hat man sie auch mit Tafelbildern sowie blauer und cremefarbener Bemalung verziert. Der hl. Vincentius thront über dem Hauptaltar. Auf der Deckenbemalung des Hauptschiffes finden wir den Heiligen noch einmal, wie er gerade den Ort São Vicente segnet. Die Tafelbilder in den Seitenschiffen mit den Stationen des Rosenkranzes sind Stiftungen reicher Familien der Insel. Der

Familienfest im Zeichen des Heiligen Geistes

Einmal im Jahr, zu Pfingsten, finden sich in São Vicente die Großfamilien so wie früher zusammen – zur *Festa do Espírito Santo* (Heiliggeistfest). Das Fest geht zurück auf König Dinis, der im 13. Jahrhundert von Portugal aus ein „Imperium des Heiligen Geistes" errichten wollte. Er ersann Regeln und Symbole für einen religiösen Kult, der die christliche Eucharistiefeier ablösen sollte.

Auf Madeira wurde dieser Brauch von João Gonçalves Zarco eingeführt, um das Gemeinschaftsgefühl unter den ersten Siedlern zu stärken. Im Mittelpunkt stand eine Armenspeisung, die von einem jährlich neu zu bestimmenden *Imperador,* einem „Kaiser", auszurichten war. Diesem wurde in einer feierlichen Zeremonie die Krone des Heiligen Geistes aufgesetzt.

Schon bald trat der ursprüngliche Sinn in den Hintergrund, es überwog bei den Festlichkeiten immer mehr das gesellige Essen und Trinken. Der Aufwand bei der Bewirtung wuchs, viele Familien ruinierten sich finanziell durch die Ausrichtung der Feiern. So wurde der Heiliggeistkult von der katholischen Kirche, die ihn ohnehin als lästige Konkurrenz ansah und daher mit Argwohn betrachtete, jahrhundertelang heftig bekämpft. 1894 verbot der Bischof von Funchal schließlich die Krönungszeremonie.

Doch in vielen ländlichen Gemeinden findet noch heute die Visite des Heiligen Geistes statt, bei der die Mordomos, die stolz eine feuerrote Weste über dem dunklen Anzug tragen, in Begleitung von Saloias – Ehrenjungfrauen in farbenfrohen Trachten – Geld für die Armenspeisung einsammeln, die nach der Messe am Pfingstsonntag abgehalten wird.

Dann feiert man im Haus des Imperador mit Musik und Tanz – und die ganze Familie ist dabei.

ROUTE 2

umlaufende Fries aus bunten Fliesen, so typisch für portugiesische Kirchen, weist hier noch eine Besonderheit auf. Die Fliesen bilden nicht nur Ornamente, sondern es wurden regelrechte Bilder aus ihnen zusammengesetzt.

Kaum irgendwo auf Madeira kann man den Gegensatz zwischen Arm und Reich besser studieren als auf dem Friedhof von São Vicente. Zwischen Strelitzien und Natternköpfen erheben sich einige Familiengrüfte der Wohlhabenden im Ort, daneben liegen die verfallenen Gräber der einfachen Leute, wo das Geld für die Pflege nicht reicht. Der kleine achteckige Pavillon neben der Kirche dient bei Volksfesten der Kapelle als Podium.

Die Kirche von São Vicente gilt als eine der schönsten Madeiras

🚌 Funchal (Linien 6, 139), ca. 5mal täglich.
🏨 **Estalagem do Mar,** Juncos, Fajã da Areia, ☏ 84 26 15.
Modernes Hotel, direkt an der brandungsumtosten Nordküste. ⑤

Ängstlichen Gemütern mag stellenweise die Luft wegbleiben bei dem Abstecher in den äußersten Nordwesten Madeiras. Abenteuerlich ist das richtige Wort, um zu beschreiben, wie man in den 50er Jahren mit der Spitzhacke, noch ohne den Einsatz von Maschinen, eine erste Straße in die schier senkrechten Küstenfelsen geschlagen hat. Die Straße wurde seither zwar ein wenig verbreitert und 1988 geteert, doch aufregend ist sie bis heute noch mit ihren engen Ausweichstellen, den kurvigen Schluchten und feuchten Tunnels und der kostenlosen Autowaschanlage, einem Wasserfall, der ungehindert auf die Fahrbahn stürzt.

Ziel von Wallfahrern ist das Gotteshaus von Ponta Delgada

Der wilde Küstenabschnitt endet bei **Porto Moniz** (3500 Einw.), 135 km. Der Ort besticht wegen seiner Felsbadebecken – Traumpools mit glasklarem Wasser, das bei schönem Wetter die azurblaue Farbe des Himmels annimmt. Fische und allerlei anderes Meeresgetier tummeln sich rings um die dunklen Felsbrocken, die die Becken vor der heftigen Meeresbran-

Eine Fahrt entlang der Nordküste erfordert starke Nerven

ROUTE 2

dung schützen und dennoch die eine oder andere Welle hinüberschwappen lassen, so daß für Wasseraustausch gesorgt ist. Die Pools verdanken ihre Entstehung einer Lavazunge, die vor Tausenden von Jahren hier ins Meer geflossen ist und allmählich von den Gewalten der Gezeiten zernagt wird. Der Weinbauernort Porto Moniz erlebt heute einen kleinen Fremdenverkehrsboom. Tagesausflügler bevölkern die Restaurants, und im Sommer verbringen einheimische Familien ihren Urlaub in den Pensionen, Ferienhäusern oder auf dem Campingplatz.

🚌 Funchal (Linien 80, 139), ca. 2mal täglich; São Vicente (Linie 150), ca. 3mal täglich.
🏨 **Orca**, Sítio das Pogas, ☎ 85 23 59. Am Meeresspool. $
Calhau, Piscina, ☎ 85 21 04. Gemütliche Einrichtung. $
🏨 **Cachalote**, Vila, ☎ 85 21 80. Traumhafter Panoramablick. $

Zunächst geht es zurück nach São Vicente, wo wir die Nordküste verlassen und durch das gleichnamige Tal aufwärts fahren. An den dicht bewaldeten Hängen stürzen nach Regengüssen Wasserfälle zu Tal. Links der Straße erhebt sich der Glockenturm von *Rosário*. Die nur aus dem Turm bestehende Kapelle wurde um die Mitte des 20. Jhs. zu Ehren der Jungfrau von Fátima errichtet. Die hier oft wolkenverhangenen Berge lassen an tropische Regenwälder denken. Um so verblüffter ist man, wenn sich die Wolkendecke am **Encumeada-Paß**, 164 km, dem mit 1007 m niedrigsten Gebirgsübergang Madeiras, lichtet. Bei gutem Wetter kann man von der Paßhöhe gleichzeitig zur Nord- und Südküste schauen. Richtung Süden geht es bergab in das Tal der Ribeira Brava. Im Winter macht der Fluß seinem Namen „Wilder Bach" alle Ehre, wenn das Wasser schäumend über die riesigen Basaltblöcke schießt. Rechts der Straße liegt ein weiteres staatliches Berghotel, die **Pousada dos Vinháticos** (☎ 95 23 44, 📠 22 86 11; rechtzeitige Reservierung notwendig).

Von der Terrasse der Pousada oder dem nahen Miradouro wird man vielleicht noch einmal die herrliche Aussicht genießen.

Ribeira Brava (9000 Einw.), 178 km, hat eigentlich immer schönes Wetter. In einem der Straßencafés an der Uferpromenade kann man die Sonne und den Blick über das Meer genießen. Nahebei gibt es einige Geschäfte und eine kleine Markthalle. Das Angebot reicht von Obst und Gemüse von der Insel bis hin zu riesengroßen Thunfischen. Die Hauptstraße *(Rua do Visconde)* ist mit altem Kopfsteinpflaster ausgelegt. In einer hübschen kleinen Parkanlage verbirgt sich ein rosa getünchtes Herrenhaus von 1776, das heutige *Rathaus* von Ribeira Brava. Der Park ist öffentlich, Bänke laden zum Verweilen ein, und die hohen, alten Bäume tragen Schilder mit ihren botanischen Namen.

Bereits um 1440 wurde mit dem Bau der *Pfarrkirche São Bento* begonnen, die wohl eine der ältesten der Insel ist. An der Spitze des mit weiß-blauen Fliesen verkleideten Turms fällt eine Armillarsphäre auf, das Symbol der portugiesischen Entdecker (s. S. 19). Ein Bild neben dem Portal weist darauf hin, daß am 8. April 1948 die Statue der Jungfrau von Fátima hier auf ihrer Weltreise Station gemacht hat.

In der Barockzeit wurde die Kirche vollständig umgestaltet; aus dieser Zeit stammen die prunkvoll mit Gold verkleideten Altäre. Eine weitere Restaurierung erfolgte in jüngerer Zeit, leider nicht sehr stilsicher. Doch sind noch einige Teile von der ursprünglichen Kirche erhalten geblieben. Berühmtestes Stück ist das manuelinische Taufbecken gleich rechts vom Eingang in einer separaten Kapelle. Eine weitere wertvolle Steinmetzarbeit aus manuelinischer Zeit ist die Kanzel.

ℹ In der kleinen Rundfestung São Bento gegenüber der Markthalle befindet sich das Fremdenverkehrsamt, ☎ 95 16 75; ⏱ Mo–Fr 9–12.30, 14–17 Uhr, Sa 9–12.30 Uhr.

ROUTE 2

🚌 Funchal (Linien 4, 6, 7, 107, 139), etwa jede Stunde.
🏨 **Valemar,** Sítio do Muro, ☎ 95 25 63, modernes Haus in ruhiger Lage am Ortsrand. Ⓢ
🏨 **Agua Mar,** ☎ 95 11 48, Panoramarestaurant direkt am Strand. Ⓢ

Dann geht es auf einer kurvenreichen Strecke oberhalb der Südküste weiter durch dicht besiedeltes Gebiet. Hier werden Bananen gepflanzt; in höheren Lagen, wo es für die tropischen Gewächse zu kalt ist, wird robusteres Obst und Gemüse kultiviert. Überall zwischen den Feldern stehen die typischen, weiß getünchten Häuser mit ihren roten Ziegeldächern. An den Ecken vieler Dächer sieht man Tauben aus Ton, manchmal auch Gesichter, Symbole aus vorchristlicher Zeit, die böse Geister vertreiben sollen.

Kaimauer von Ribeira Brava

Das ★ **Cabo Girão,** 192 km, ist das nächste Etappenziel. 580 m Höhe besagt das Schild am Aussichtspunkt. Und man schaut tatsächlich so weit senkrecht hinunter auf den schmalen Küstensaum mit dem dunklen kiesigen Strand. Einige winzige Terrassenfelder kleben förmlich an der Steilwand; kaum vorstellbar, wie sie bearbeitet werden. Nach links schweift der Blick hinüber nach Funchal mit der Zementlöschstation bei Câmara de Lobos im Vordergrund.

Sogar Kirchtürme wurden mit Fliesen verkleidet

🚌 Funchal (Linie 154), 1–4mal täglich.

Weinfelder sind typisch für **Estreito de Câmara de Lobos.** Die Reben werden hier auf Gestellen hochgezogen. Eigentlich ist in dem Ort nicht viel los, wäre da nicht der beliebte Sonntagsmarkt. Die Markthalle platzt aus allen Nähten, wenn die Bauern von nah und fern mit Kühen, Ziegen und Schafen sowie mit Obst und Gemüse anrücken. Richtig zum Leben erwacht Estreito de Câmara

Spektakuläres Cabo Girão

Polyglott **79**

ROUTE 2

Tatort Wald

Achtlos weggeworfene Zigarettenkippen? Glasscherben, die wie Brenngläser wirken? Im Einzelfall mögen sie Waldbrände auslösen. Doch seit der Feuerserie, die im September 1994 Madeira erschütterte, wird öffentlich diskutiert, was Eingeweihte längst wußten: Die meisten Feuer sind von Viehhaltern gelegt. Drohbriefe und anonyme Anrufe, die im Rathaus von Funchal eingingen, lieferten den Beweis. Doch vor Gericht ist der Nachweis schwer zu führen. Die Viehhalter, die Ziegen, Schafe und Schweine ohne Aufsicht in den Bergen Madeiras herumlaufen lassen, stehen auf dem Standpunkt, Wald biete nicht genügend Grünfutter. So machen sie Aufforstungsbemühungen der Forstbehörde zunichte, indem sie die jungen Wälder niederbrennen. Die Feuerwehr kommt in dem schroffen Gelände nur schwer an die Brandherde heran. Doch auf Sympathie in der Bevölkerung können die Viehhalter immer weniger zählen. Vor allem unter den jungen Leuten wächst das Bewußtsein für die Erhaltung der Wälder.

Câmara de Lobos, 204 km, besitzt einen der wichtigsten Häfen Madeiras. Die buntbemalten offenen Holzboote liegen in der geschützten Bucht vor Anker oder werden an den Strand gezogen. Die Fischer sind in aller Ruhe damit beschäftigt, die langen Angeln zu reparieren, mit denen sie den Degenfisch *(espada)* aus großen Meerestiefen heraufholen. Nur etwa drei Tage in der Woche können die Boote auslaufen, häufig ist der Atlantik für die „Nußschalen" zu stürmisch. Mit etwas Glück kann man beobachten, wie in der nahegelegenen Werft ein neues Fischerboot gezimmert wird. Nicht versäumen sollte man einen Blick in die Fischerkapelle *Nossa Senhora da Conceição* am Hafen, die möglicherweise auf das älteste Gotteshaus Madeiras zurückgeht, im 18. Jh. aber vollständig erneuert wurde. Schöne Ölgemälde mit Szenen aus dem Leben des Heiligen Pedro Gonçalves Telmo, des Schutzpatrons der portugiesischen Schiffer, schmücken die Wände. In dem mit Gold verzierten Barockaltar steht eine Marienstatue, ein Motiv, das auch auf der Holzdecke wiederkehrt.

Die Bevölkerung von Câmara de Lobos ist arm, der Fischfang wirft nicht viel ab. Daher gehören Frauen, die mühselig mit Stickereiarbeiten den Familienunterhalt verdienen, ebenso zum Bild wie die zahlreichen, teils nur dürftig bekleideten Kinder.

Das Jahr 1430 verrät das Pflastermosaik vor der *Pfarrkirche São Sebastião* als deren Gründungsdatum. In der Barockzeit wurde sie allerdings vollständig neu erbaut. Den Stil dieser Epoche spiegelt das in kühlen Farben gehaltene Gemälde der Holzdecke: das Martyrium des hl. Sebastian, des Schutzpatrons des Ortes. Edel und harmonisch wirkt das Farbenspiel der Blattgoldornamente auf hellem Grund an den stets blumengeschmückten Haupt- und Seitenaltären. Etwas unbeholfen wirkt dagegen das Dekor der Wände, wurden doch die blau-weißen Fliesen nicht immer ganz passend aneinandergefügt.

de Lobos im September, dem Monat der Weinlese. Ununterbrochen liefern die Winzer die vor blauen Trauben überbordenden Körbe. Eine Weinkellerei im Ort verarbeitet das Lesegut zu begehrtem Madeira-Wein.

Höhepunkt der Weinlese ist das Weinfest, auf dem der Besucher nicht nur kräftig essen und trinken kann, sondern überdies auch in die alte Kunst des Stampfens der Weintrauben mit den Füßen eingewiesen wird.

🚌 Funchal via Câmara de Lobos (Linien 3, 4, 6, 7, 96, 107, 148, 154), häufig.

🍴 **Santo António**, ☎ 94 54 39. Spezialität *espetada* (Fleischspieß). ⓢ

Route 3

Entdeckungsreise in den Westen

**Funchal – *Paúl da Serra – Calheta – Ponta do Sol – **Funchal (175 km)

Auf dieser Route zeigt Madeira ein ungewohntes Gesicht: Die karge Hochebene Paúl da Serra – oft wolkenverhangen und fast menschenleer – könnte auch im schottischen Hochland liegen. Glück mit dem Wetter hat man hier am ehesten, wenn es im Osten Madeiras bedeckt ist. Dann werden vor allem Wanderer begeistert sein von den Wegen durch beinahe unberührte Urwälder und entlang der Levadas von Rabaçal. Als einsam, aber dennoch reizvoll entpuppt sich die Südwestküste der Insel; in den meist noch ursprünglichen Orten zwischen Ponta do Pargo und Ribeira Brava läßt sich so manches kunsthistorische Kleinod aufspüren.

Prächtiger Ausblick vom Encumeada-Paß

Der malerische Fischerort Câmara de Lobos

Für die Strecke benötigt man mit Leihwagen oder Taxi einen Tag, wobei eine Übernachtung in Porto Moniz oder Prazeres sinnvoll wäre. Per Linienbus lassen sich zwar die Orte an der Süd- und Westküste aufsuchen, nicht jedoch die Hochebene Paúl da Serra.

Man verläßt Funchal auf der Schnellstraße Richtung *Câmara de Lobos*, dann geht es weiter auf kurvenreicher Strecke nach *Ribeira Brava* (27 km). Dort zweigt die Straße ins Inselinnere zum *Encumeada-Paß* ab. An der Paßhöhe (1007 m) gibt es in einer kleinen Bar noch einmal die Gelegenheit, etwas zu trinken, bevor man dann auf der

Getrockneter Katzenhai ist eine Spezialität

ROUTE 3

neuen Aussichtsstraße Richtung *Bica da Cana* in die Einsamkeit hinauffährt. Bis die Westküste erreicht ist, gibt es nur vor der Abzweigung nach Rabaçal eine Versorgungsmöglichkeit. Vorsicht vor Steinschlag! Nach heftigen Regenfällen donnern immer wieder schwere Brocken von den Felswänden auf die Fahrbahn hinunter, weshalb die Einheimischen, wenn kein Gegenverkehr kommt, lieber die linke Fahrspur benutzen. Aber deshalb sollte man sich nicht abhalten lassen, diese einmalige Panoramastraße zu befahren. Immer wieder ergeben sich wunderbare Ausblicke zur Südküste hinunter. Zur Rechten türmen sich senkrechte Basaltsäulen, Wasser rieselt die Felsen hinab. Die Hochebene *Paúl da Serra* wirkt im Winter recht trostlos, wenn die vertrockneten Wedel des Adlerfarns den Boden bedecken. Im Frühling und Sommer sprießt das junge Grün, über das sich dann die zahlreichen halbwilden Schafe hermachen. An große Sitzkissen erinnern die gelben Ginsterbüsche, deren runde Form dem Ziegenbiß zu verdanken ist.

Die nächsten Häuser gehören zum Aussichtspunkt **Bica da Cana,** 46 km. Vom Forsthaus erreicht man den Miradouro zu Fuß auf einem teilweise steinigen Pflasterweg. Aus 1620 m Höhe blickt man tief hinunter in das Tal von São Vicente, jenseits des Encumeada-Passes sind die höchsten Gipfel Madeiras auszumachen. Weiter geht es über die Hochebene Paúl da Serra, was wörtlich übersetzt „Gebirgssumpf" heißt. Die Gegend ist tatsächlich häufig nebelverhangen, und man fühlt sich in die schottischen Moore versetzt. Allmählich wird die Hochebene schmaler, und man kann gleichzeitig zur Nord- und Südküste hinunterschauen.

An einem Wasserbecken zweigt der schmale, 4 km lange Fahrweg nach **Rabaçal** ab. Auf einer abenteuerlichen Strecke geht es bergab in die grüne Hölle eines Lorbeerdschungels bis zu den wenigen Häusern des Ortes, einer winzigen Feriensiedlung, in der portugiesische Regierungsangestellte Urlaub machen können. Rabaçal ist ein guter Ausgangspunkt für Wanderungen. Ein System von Levadas durchzieht das unwegsame Tal der Ribeira da Janela. Das Wasser wird durch einen Tunnel zur Südseite Madeiras geführt, wo es die trockenen Küstenhänge bewässert. Von Wassermangel ist hier oben bei Rabaçal nichts zu spüren. Überall rieselt und rinnt es aus den Felswänden und über steile Kanten hinab.

Beliebte Ausflugsziele sind die *Risco-Wasserfälle,* ein System von schmalen und schier unendlich langen Kaskaden. Vom Parkplatz geht es den breiten Weg hinab und dann stets an der *Levada do Risco* entlang (hin und zurück 45 Min.). Ein wenig anspruchsvoller, aber vielleicht noch schöner ist der Weg zu den 25 Quellen (hin und zurück 2 Std.). Durch einen märchenhaft anmutenden Wald mit flechtenbehangenen Baumriesen steigt man von der Levada do Risco zur *Levada das 25 Fontes* hinab, die zu einer Stelle führt, wo an die 25 Quellen in ein Becken rieseln.

Am Nordabhang der Insel wird die Vegetation dichter. Zunächst säumt Heide die Straße, aber nicht niederes Heidekraut, wie wir es aus Mitteleuropa kennen, sondern die viel größere buschförmige Baumheide; darauf folgt die Zone des Lorbeerwaldes. An der nächsten Straßengabelung geht es links Richtung Funchal. Hier beginnt einer der abgelegensten Landstriche Madeiras. Selten einmal verirren sich Touristen in diese Gegend. Das Landgasthaus **A Carreta** bietet eine der wenigen Möglichkeiten, im Westen der Insel genüßlich zu Mittag zu essen.

Bei **Ponta do Pargo,** 92 km, weitet sich die Landschaft. Die Bauern des Ortes bewirtschaften ausgedehnte Felder, auf denen sogar Maschinen zum Einsatz kommen – eine Seltenheit auf Madeira. Und nicht weniger überrascht, daß hier Kühe einer kleinwüchsigen Rasse auf saftigen Wiesen weiden.

ROUTE 3

Ein Schild mit der Aufschrift *Farol* sowie der Abbildung eines recht abstrakt geratenen Leuchtturms weist den Weg zur äußersten Westspitze Madeiras. Hoch über der Steilküste taucht am Ende der Straße die knallrote Kuppel des Leuchtfeuers auf, die auf einem breiten weißen Gebäude sitzt, in dem noch heute der Leuchtturmwärter wohnt, wenngleich das Feuer längst automatisch funktioniert.

🚌 Funchal (Linien 80, 107), ca. 3mal täglich; Porto Moniz (Linie 142), ca. 1mal täglich.

Eine winzige Straße führt steil bergab nach **Paúl do Mar,** 109 km. Eine riesige Araukarie überragt den Ort. Die Häuser stehen auf dem schmalen Küstensaum

Ein Levada-Weg führt zu den 25 Quellen bei Rabaçal

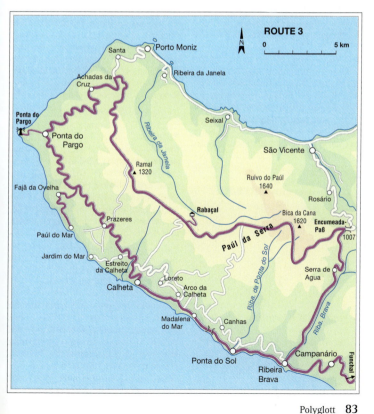

ROUTE 3

inmitten von Bananenplantagen. Der Ortskern mit den engen Gassen scheint fast erdrückt zu werden von der Felswand, die ihn steil und dunkel überragt. Paúl do Mar ist einer der wenigen Orte Madeiras, die direkt ans Meer gebaut worden sind. Die Brandung knallt gegen die gut befestigte Uferpromenade. Von der schmalen Kaianlage neben dem steinigen Strand blickt man zum nahegelegenen Ort *Jardim do Mar,* doch eine Straßenverbindung gibt es nicht. Das kleine Heiligtum für *Santo Amaro* scheint von den Dorfbewohnern errichtet worden zu sein, damit sie vor den Gefahren des Meeres gefeit blieben.

Säuberlich aufgereiht liegen die Fischerboote mit ihren grünen oder blauen Rümpfen am Kai. Es sind kleine, offene Boote, die nur bei ruhiger See eingesetzt werden können. Über eine Slipanlage werden sie ins Wasser gelassen. Gleich daneben waschen Frauen in dem Wasser einer Kaskade, die von der Felswand hinabstürzt, ihre Wäsche. In der kleinen Markthalle werden die kargen Fänge der Fischer versteigert. Die Schornsteine zweier schon lange nicht mehr benutzter Zuckermühlen zeugen davon, daß vor einigen Jahrzehnten hier noch Zuckerrohr angebaut wurde.

Alles aus Zuckerrohr

Gleich neben der Kirche von Calheta steht eine der drei noch in Betrieb befindlichen Zuckermühlen Madeiras, in der Schnaps und Melasse hergestellt werden. Der Zuckerrohrschnaps *(aguardente de cana)* wird meist gleich nach dem Brennen getrunken. Oft mixt man ihn mit Honig und frischem Zitronensaft zu *poncha,* einem Drink, der es in sich hat. Die Melasse nennt man *mel* (wörtl. „Honig"). Traditionell wird daraus in der Weihnachtszeit der sogenannte Honigkuchen, *bolo de mel,* gebacken.

Deutlich fallen die Gegensätze zwischen Arm und Reich in Paúl do Mar ins Auge. Am Ortsrand sind in den letzten Jahren viele neue große Häuser entstanden, die zurückgekehrten Emigranten gehören. Einst waren sie der Enge des Ortes entflohen, um in Übersee ihr Glück zu machen. Nach Jahren kommen viele zurück und bauen sich mit dem im Ausland verdienten Geld eine neue Existenz in der Heimat auf. Emigranten waren es auch, die das Geld für den Bau der modernen Kirche stifteten. Im Ort gibt es zwei kleine Restaurants. Ein weiteres liegt hoch über der Steilküste an der Straße, die über *Fajã da Ovelha* zurück zur Hauptstraße führt.

In der Umgebung von **Prazeres,** 122 km, gibt es noch zahlreiche der alten, nur aus einem Zimmer bestehenden Häuser, die aus dunklem Basaltgestein gemauert und unverputzt sind. Die Pfarrkirche mit ihren massiven Türmen wirkt viel zu groß für die gerade 1500 Einwohner zählende Gemeinde. Einheimische Künstler haben sie im barocken, doch eher naiv-bäuerlichen Stil ausgestattet.

Mit dem 1993 eröffneten Hotel **Jardim Atlântico** (☎ 82 22 00, ✉ 82 25 22, Ⓢ) will man auch nach Prazeres Touristen locken. Die neue Unterkunft bietet eine grandiose Aussicht: Jardim do Mar zur einen Seite, Paúl do Mar zur anderen. Dorthin führt vom Hotel aus einer der alten, gepflasterten Verbindungswege, die früher die ganze Insel wie ein Netz überzogen.

🚌 Funchal (Linien 80, 107, 142), etwa 3mal täglich.

Estreito da Calheta, 126 km, bietet wieder ein anderes Landschaftsbild. Weit schweift der Blick über die im Osten angrenzenden Bergrücken mit den kleinen, ziegelgedeckten Häusern. Eine Besonderheit im Ort ist die bereits aus dem 16. Jh. stammende **Capela dos Reis Magos.* Gleich nach der Abzweigung nach Jardim do Mar führt rechts eine kleine Nebenstraße steil bergab zur Dreikönigskapelle. Sie ist stets verschlossen, man erhält aber den Schlüssel im Nachbarhaus. Der weiß verputzte Bau ist ganz schlicht gehalten, mit einem winzigen Glockenturm und dem Kreuz des Christusordens am Giebel der Frontfassade. Über dem Portal prangt, in Stein gehauen, das Familienwappen des Gründers Francisco de Gouveia, eines reichen Großgrundbesitzers aus Estreito da Calheta. Gouveia und seine Frau fanden in der Kapelle ihre letzte Ruhestätte.

Das Altarbild im Inneren soll 460 Jahre alt sein. Die wertvolle Holzschnitzerei im Mittelteil zeigt die Anbetung der Heiligen Drei Könige. Die Seitenflügel sind mit Tafelbildern verziert, auf denen Szenen aus dem Leben von Heiligen dargestellt sind, eine flämische Arbeit. Bemerkenswert sind auch die schlichte holzgeschnitzte Decke im Mudéjarstil und die manuelinische Steinmetzarbeit an dem kleinen Seitenfenster.

Naturdusche à la Madeira

Calheta, 131 km, ist mit seinen 5500 Einwohnern das Zentrum des Südwestens. Nahe am Meer drängen sich in einer engen Schlucht die Häuser des Ortskerns zusammen. Leider sind die Türen der sehenswerten *Pfarrkirche* meist verriegelt, doch kann man sich in der Nachbarschaft nach dem Schlüssel erkundigen oder vor den täglichen Messen hineingehen. Nach der Grundsteinlegung im Jahr 1430 wurde die Kirche mehrfach verändert. Künstlerisch bemerkenswert sind die manuelinischen Verzierungen am Portal, die im Mudéjarstil geschnitzte Holzdecke im Chor und das besonders kostbare Allerheiligste aus Silber und Ebenholz in einer Kapelle des Seitenschiffes.

Fischerboote in Paúl do Mar

Von der Zeit, als Calheta ein wichtiges Zuckerrohranbaugebiet war, zeugen die Schornsteine ehemaliger Zuckermühlen am Küstensaum.

Schornstein einer Zuckermühle

ROUTE 3

Der Strand von Calheta ist steinig, deshalb betonierte man eine Liegefläche. Neben dem Hotel/Restaurant **Onda Azul** befindet sich ein funkelnagelneuer Schiffsanleger, an dem ab und zu das Ausflugsschiff aus Funchal anlegt.

🚌 Funchal (Linien 80, 107, 115, 142), ca. 5mal täglich.

🏨 **Onda Azul,** Praia da Calheta, ☎ 82 30 33, 📠 82 32 30. Zu dem Gasthof gehört das gleichnamige Restaurant mit guten Fischgerichten. $

Lang zieht sich die Häuserfront von **Madalena do Mar,** 134 km, an der Küste entlang. Eine neue Straße hat die Bewohner vom Meer getrennt, das sie vorher unmittelbar vor der Haustür hatten. Eine Mauer schützt Straße und Ort vor allzu hoher Brandung.

Der Weg nach **Ponta do Sol,** 138 km, führt zunächst durch einen langen Tunnel, in dem es naß aus den Felsspalten rieselt, dann geht es weiter am Fuß der Steilküste entlang. Im Ort lohnt eine Rast schon wegen des altmodischen Kiosks an der Uferpromenade, wo man auf verschnörkelten Stühlen einen Kaffee genießen kann.

Eine kopfsteingepflasterte Gasse führt zum Kirchhof. Den Besuch der *Pfarrkirche Nossa Senhora da Luz* (Unserer lieben Frau des Lichts) sollte man nicht versäumen. Gleich nach dem Eingang steht hinter Gittern das grünglasierte

Rätsel um Heinrich den Deutschen

Eine verschnörkelte Grabplatte, die das Grab Heinrichs des Deutschen in der Kirche von Madalena do Mar abgedeckt haben soll, befindet sich heute in der Quinta das Cruzes in Funchal. Aus derselben Kirche stammt auch das wertvollste Gemälde des dortigen Museu de Arte Sacra, das die Begegnung des hl. Joachim mit der hl. Anna zeigt. Kunsthistoriker schreiben es dem flämischen Meister Jan Gossaert gen. Mabuse zu, obwohl dafür der letzte Beweis fehlt. Wie es heißt, hätten Heinrich der Deutsche und seine Frau Agnes Modell für das Bild gestanden. Wer war dieser sagenumwobene Mann, den das Volk Henrique Alemão nannte, der sich selbst aber immer als Ritter der hl. Katharina bezeichnete, ein Titel, den er bei einer Pilgerfahrt ins Heilige Land erworben hatte? Sicher ist nur, daß er 1454 nach Madeira kam und kurz darauf von Zarco riesige Ländereien bei Madalena do Mar zugewiesen bekam. An Zarcos Hof soll er eine Sonderstellung eingenommen haben, auch der portugiesische König war ihm wohlgesonnen. Über seine Vergangenheit hat er nie gesprochen, nicht einmal seiner Frau und seinen Kindern gegenüber. Nach einer Legende soll es sich um den polnischen König Ladislaus III. gehandelt haben, der – so die offizielle Version – in der Schlacht von Varna (1444) im Kampf gegen die Türken gefallen ist. Einige meinen jedoch, er habe überlebt und zum Dank für diese Gnade Gottes eine Pilgerfahrt nach Jerusalem unternommen. Anschließend habe er dann den portugiesischen König um Aufnahme und Berücksichtigung bei der Landvergabe auf der kurz zuvor eroberten Insel Madeira ersucht. Dort lebte er unerkannt, bis ihn schließlich zwei polnische Mönche in seinem Exil entdeckten und zur Rückkehr nach Polen bewegen wollten. Kurz darauf starb er unter mysteriösen Umständen. Die letzten Rätsel um Heinrich den Deutschen werden wohl nie gelöst werden. Der polnische Archäologe Leopold Kielanowsky, der Anfang der 80er Jahre Ausgrabungen in Madalena do Mar durchführte, hatte angeblich Beweise dafür gefunden, daß Ladislaus III. dort begraben worden war, doch er starb während der Untersuchungen und nahm seine Erkenntnisse mit ins Grab.

ROUTE 3

Keramiktaufbecken: ein Geschenk, das König Manuel I. persönlich der Kirche von Ponta do Sol machte. Die restaurierte Kassettendecke zeigt in Pastellfarben Szenen aus dem Leben der hl. Maria. Der Fliesenfries des Kirchenschiffs wurde jüngst erneuert. Original dagegen sind die Fliesen, die den ganzen Altarraum verkleiden. Zu den traditionellen Farben Blau und Weiß kommt hier ausnahmsweise Gelb hinzu. Die Bemalung von Bögen und Kanzel, Säulen, Pilastern und Altären täuscht Marmor vor, unter der Farbschicht aber verbirgt sich Holz. Die Inneneinrichtung dieser Kirche wirkt besonders edel. Der Glanzpunkt ist die holzgeschnitzte Decke im Altarraum: eine Arbeit aus der ursprünglichen Kirche, die um 1500 entstanden sein dürfte und im Mudéjarstil ausgeführt wurde. Ihre bunte Fassung stammt wohl nicht aus dieser Zeit, denn die Mudéjarkünstler beließen ihre Holzdecken unbemalt.

Strand von Ponta do Sol

Pfarrkirche N. S. da Luz

Literaturfans sollten sich die Mühe machen, hinter der Kirche noch ein paar Schritte bergauf zu gehen. Jenseits des Bachs sehen Sie zur Linken ein altes Bürgerhaus mit dem Sternbild des Kleinen Wagens als Wappen. Heute ist es das *Rathaus*, doch lebten hier einst, wie man einer Tafel neben dem Eingang entnehmen kann, die Vorfahren des berühmten amerikanischen Schriftstellers *John dos Passos* (1896–1970).

Erinnerung an John dos Passos

Oberhalb der Kirche gibt es einen netten von Palmen beschatteten Platz: den *Parque Infante Dom Henrique*. Von der Aussichtsterrasse überblickt man den steinigen Strand und den kleinen Schiffsanleger von Ponta do Sol, der geschickt in eine natürliche Felsbarriere integriert wurde.

🚌 Funchal (Linien 4, 107), ca. 6mal täglich.

Über die Küstenstraße nach Ribera Brava geht es zurück nach Funchal (175 km, vgl. Route 2, S. 78 ff.).

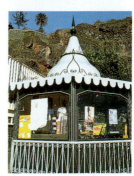

Kiosk aus alten Zeiten

Polyglott **87**

Porto Santo

Die Strandinsel

Wer Sand, Sonne und Ruhe sucht, der ist auf Porto Santo richtig. Die gerade 11 km lange und 6 km breite Nachbarinsel Madeiras wartet mit einem 8 km langen, wunderbar weißen Sandstrand auf, der bisher kaum bebaut ist. Lediglich in den Sommermonaten, wenn madeirensische Familien mit Sack und Pack nach Porto Santo kommen, füllt er sich. Während der übrigen Jahreszeiten kann man ungestört nahezu endlose Strandwanderungen unternehmen oder sich am Rand der Dünen einen windgeschützten Ruheplatz suchen. Die Sonne läßt sich übrigens häufig auf Porto Santo sehen, der Regen ist dagegen nur ein seltener Gast.

Für die rund 5000 Bewohner der kargen Insel sind die Erwerbsmöglichkeiten nicht gerade vielfältig. Das bißchen Landwirtschaft gibt nicht viel her, lediglich Weintrauben und Melonen finden im Sommer auf Madeira dankbare Abnehmer, ebenso das Mineralwasser aus der Quelle bei Camacha. Der 1960 eröffnete Flughafen mit seiner gigantischen Landebahn wäre mit dem zivilen Flugverkehr kaum ausgelastet, wären da nicht die NATO und das Militär.

Arbeitsplätze bietet inzwischen auch der Tourismus, der aber noch in den Kinderschuhen steckt. Einige Unterkünfte sind in den letzten Jahren entstanden, und sportlich Ambitionierte haben die Wahl zwischen Tauchen, Hochseefischen, Reiten und Fahrradfahren.

Eine Fähre bringt den Besucher, sei es für einen Tagesausflug oder einen längeren Urlaub, in 1,5 Std. von Funchal nach Porto Santo. Je nach Wetterlage können die Atlantikwellen dem Fahrgast schon ein wenig zusetzen. Doch die Rückfahrt verläuft meist harmlos, da das Boot dann scheinbar mühelos über die fast immer von Nordosten heranrollenden Wellen gleitet. Wer die Überfahrt per Boot scheut, kann mit kleinen Propellermaschinen in 15 Min. von Madeira hinüberfliegen.

Geschichte

1418 nahmen die Portugiesen Porto Santo bereits einige Monate vor Madeira in Besitz. *Bartolomeu Perestrelo*, der spätere Schwiegervater von Christoph Kolumbus, wurde erster Legatskapitän der Insel und warb Siedler an. Diese fanden fruchtbaren Boden vor, rodeten die vorhandenen Büsche und Bäume und bauten Getreide an. Die Großsegler auf den Atlantikrouten versorgten sich hier mit frischen Lebensmitteln – heute kaum noch vorstellbar. Die Rodung blieb nicht ohne Folgen: Der Boden trocknete aus, die fruchtbare Krume wurde durch Regenwasser nach und nach ins Meer gespült. Da Porto Santo kaum zu verteidigen war, war es auch ein beliebtes Ziel für Piratenüberfälle. So wäre die Insel beinahe ganz von den Bewohnern aufgegeben worden, wenn nicht die Landwirtschaft nach politischen Reformen im 18. Jh. neue Impulse erhalten hätte. Zahlreiche Windmühlen zum Mahlen des Getreides wurden errichtet, von denen einige noch in Betrieb sind. Man leitete Aufforstungsmaßnahmen ein, und bis heute ist man bemüht, die Berge Porto Santos wieder zu begrünen.

Vila Baleira

Etwa jeder zweite Inselbewohner lebt in der Hauptstadt Vila Baleira, die mit ihren Palmen und den weißgekalkten Häusern einen freundlichen Eindruck vermittelt. Von der Terrasse des **Café Baiana** am *Largo do Pelourinho* (Rathausplatz) kann man das Kommen und Gehen der knallgelben Taxis (ganze 19 davon gibt es auf der Insel) beobachten

PORTO SANTO

und den alten Männern zuschauen, die auf dem schattigen Platz zu einem Schwatz zusammenkommen.

Gleich neben dem *Rathaus* (16. Jh.) mit den Drachenbäumen vor der Tür erhebt sich die **Igreja Nossa Senhora da Piedade** mit ihrem blau-weißen Fliesenmedaillon unter dem knallroten Ziegeldach. Von Piraten wurde sie immer wieder beschädigt. Und so mußte sie, wenngleich die Gründung schon wenige Jahre nach der Besiedelung Porto Santos erfolgte, im 17. Jh. fast völlig neu errichtet werden. Bei der Gestaltung folgten die Baumeister dem zu jener Zeit modernen Barockstil.

In den Gassen hinter der Kirche verbirgt sich das ***Kolumbus-Museum**. Allerlei sehenswerte Dinge, die mit dem Leben des großen Entdeckers verknüpft sind, wurden hier zusammengetragen (◷ Mo-Fr 10-17.30 Uhr, Sa 10-12 Uhr, So, Fei geschl.). Das Nachbarhaus wird, einer Überlieferung folgend, als Wohnhaus von Christoph Kolumbus angegeben. Jahre vor seiner ersten Atlantiküberquerung (1492) soll er hier mit seiner Frau Felipa Moniz, der Tochter des Legatskapitäns von Porto Santo, eine Zeitlang gelebt haben. Das Haus scheint jedoch erst im 17. Jh. errichtet worden zu sein.

Inselrundfahrt

Um die vielen Gesichter der Insel kennenzulernen, sollte man sich für einen Tag ein Auto oder Taxi mieten, auch mit dem Fahrrad (zu mieten in Vila Baleira) ist die ca. 20 km lange Rundfahrt lohnend.

Einen hervorragenden Überblick über die karge Ebene im Zentrum der Insel gewinnt man vom *Pico do Castelo* (437 m). Von weitem erinnert der Berg ein wenig an den Zuckerhut von Rio. Vom Parkplatz am Aussichtspunkt sind es noch 20 Min. zu Fuß bis zum Gipfel mit dem namengebenden Kastell, das den Inselbewohnern in früheren Zeiten als Fluchtburg vor den Piraten diente.

Christoph Kolumbus erhielt auf Porto Santo Anregungen für seine späteren Entdeckungsfahrten

PORTO SANTO

Weiter geht es nach **Camacha,** dem größten Ort im Norden. Die 150 Jahre alte Windmühle ist noch betriebsbereit, doch seit der letzte Müller 1993 gestorben ist, steht sie still, denn die Söhne haben kein Interesse mehr an dem wenig einträglichen Beruf. Gleich nebenan, hinter dem alten Dreschplatz, steht noch eines der typischen alten Häuser von Porto Santo, mörtellos aus Mauersteinen errichtet und mit einem Lehmdach gedeckt. Hier hat sich das einfache Restaurant **Estrela do Norte** eingerichtet (☎ 98 23 65), wo man zu einem Grillhähnchen den bernsteinfarbenen Inselwein *(Verdelho)* probieren sollte. Doch Vorsicht: Unter der Sonne Porto Santos erreicht der Wein einen Alkoholgehalt von rund 13 Vol.-%.

An der Landebahn des Flughafens vorbei geht es durch die Weinfelder von Camacha zur bizarren Nordküste. Hier sprudelt die *Fonte da Areia* aus mächtigen, vom Wind geschliffenen Kalksandschichten hervor. Das Quellwasser gilt als heilkräftig, ja sogar als Jungbrunnen. In dem kleinen Quellhäuschen kann man das Wasser direkt auf seine Wirkung hin testen. In Flaschen abgefüllt wird Mineralwasser von Porto Santo vor allem auf Madeira verkauft. Im Nordosten der Insel wird es gebirgiger, hier steht auch der mit 517 m höchste Berg der Insel, der **Pico do Facho** (Fackelberg). Die Inselhauptstraße passiert die winzigen Bauerndörfer **Serra de Dentro** und **Serra de Fora** und erreicht beim Aussichtspunkt *Portela* wieder die Südküste. Von hier aus präsentiert sich der Strand von Vila Baleira in seiner vollen Länge.

Südlich der Inselhauptstadt lohnt sich ein Abstecher nach **Campo de Cima** wegen der zahlreichen Windmühlen, von denen noch zwei oder drei funktionsfähig sind. In **Campo de Baixo** schießen die Ferienhäuser wohlhabender Ausländer wie Pilze aus dem Boden. Der Reitstall von **Ponta** verleiht Pferde und organisiert Kutschfahrten.

In der Tradition der Karavelle

Die „Maria Cristina" gammelt am Strand von Campo de Baixo vor sich hin. Schade, doch bislang hat sich noch kein Mäzen gefunden, um das letzte verbliebene Exemplar der einst stolzen Frachtseglerflotte Porto Santos zu restaurieren. Noch vor rund 20 Jahren verkehrten Holzboote wie die „Maria Cristina", wahrscheinlich Nachfolger der Karavellen des 15. Jhs., regelmäßig zwischen den Inseln. Sie ankerten vor dem Strand von Porto Santo, um gebrannten Kalk zu laden. Von Funchal brachten sie alles Notwendige für das tägliche Leben.

Mit dem Bau des Hafens von Porto Santo in den 80er Jahren war das Schicksal der Frachtsegler (die übrigens längst mit Motoren ausgestattet waren) besiegelt. Moderne Containerschiffe übernahmen die Versorgung der Insel. Bei einem Sturm wurden die letzten beiden Frachter an den Strand geworfen, einer fiel sofort dem Bulldozer zum Opfer, und der andere, die „Maria Cristina", sieht seither einem ungewissen Schicksal entgegen.

Auch der Kalktransport wurde aufgegeben. Jahrzehntelang war gebrannter Kalk, der auf Madeira als Mörtel oder Düngemittel Verwendung fand, die wichtigste Einnahmequelle der Bewohner Porto Santos. Man baute ihn vor allem auf der Ilhéu de Baixo ab, die wegen ihrer Kalkvorkommen auch Ilhéu de Cal (Kalkinsel) heißt. Der Abbau war jedoch äußerst gefährlich, in den Stollen wurden immer wieder Männer verschüttet oder sie stürzten an der Steilküste ab. Madeira bezieht heute seinen Kalk vom portugiesischen Festland; auf Porto Santo brennen noch zwei kleine Fabriken den Kalk aus den leichter zugänglichen Stollen von Lapeiras.

PORTO SANTO

Für das vor sich hin gammelnde, bisher nicht fertiggestellte Hotel „Novo Mundo" hat sich immer noch kein Käufer gefunden. An der Südwestspitze, der *Ponta da Calheta, locken bizarre Küstenfelsen zu Erkundungsgängen. Man blickt auf die kleine unbewohnte *Ilhéu de Baixo,* die wie ein Schweizer Käse durchlöchert ist. Einst baute man dort in Stollen mühselig Kalkgestein ab und brachte es zum Brennen an den Strand von Porto Santo – daher auch der Name Ilhéu de Cal (s. S. 90).

Praktische Hinweise

❶ Delegação do Governo Regional, Vila Baleira, Avenida Henrique Vieira de Castro, ☎ 98 23 61; ◐ Mo–Fr 9–12.30 Uhr, Sa 9–12.30 Uhr.

🚌 Von Vila Baleira ca. 3mal täglich nach Camacha, Calheta, Campo de Cima, Serra de Fora, Campo de Baixo. Von Vila Baleira zum Hafen bei Ankunft und Abfahrt der Fähre.

🚢 Funchal, 1–2mal täglich, Fahrzeit ca. 1,5 Std., Fahrpreis (hin und zurück) etwa 8000 Esc.

✈ Funchal, ca. 4mal täglich, Flugzeit 15 Min., Preis (hin und zurück) etwa 14 000 Esc; Lissabon, ca. 1mal wöchentlich.

🏨 **Porto Santo,** Campo de Baixo, ☎ 98 23 81. Am Strand, großer Garten. ⓢⓢ
Torre Praia Suite Hotel, Rua Goulart Medeiros, ☎ 98 52 92. Neues Aparthotel direkt am Strand. ⓢⓢ
Praia Dourada, Rua Dr. Pedro Lomelino, Vila Baleira, ☎ 98 24 68. Zentral, aber ruhig. ⓢ
Residenz Theresia, Campo de Baixo, ☎ 98 36 83, 📠 98 33 00. Deutsche Leitung, direkt am Strand. ⓢ

🏨 **Marques,** Rua João Santana 9, Vila Baleira. Gute inseltypische Küche. ⓢ
Pôr-do-Sol, Ponta da Calheta. Frische Fischgerichte. ⓢⓢ

Rathausplatz von Vila Baleira

Öffentlicher Nahverkehr

Einige wenige Windmühlen sind auf Porto Santo noch in Betrieb

Praktische Hinweise von A–Z

Ärztliche Versorgung

Gesundheitszentren *(Centro de Saúde)* für ärztliche Hilfe gibt es auf Madeira in allen größeren Orten, auf Porto Santo in Vila Baleira.

Regionales Krankenhaus in Funchal: Av. Luís de Camões, ☎ 74 21 11.

Devisenbestimmungen

Landes- und Fremdwährung können ohne Deklaration bis zum Gegenwert von 2 500 000 Esc ein- und ausgeführt werden. Höhere Beträge erfordern eine Zollerklärung.

Diplomatische Vertretungen

Portugiesische Botschaften:
D-53173 Bonn, Ubierstraße 78,
☎ (02 28) 36 30 11, 🖷 35 28 64.
A-1040 Wien, Operngasse 20 b,
☎ (02 22) 58 67 53 60, 🖷 5 87 58 39.
CH-3005 Bern, Jungfraustraße 1,
☎ (0 31) 3 51 17 73, 🖷 3 51 44 32.

Auf Madeira:

Deutsches Konsulat (auch für die Schweiz): Funchal, Largo do Phelps 6, ☎ 22 03 38, 🖷 22 03 08; ⏱ Mo–Fr 10–12.30 Uhr.
Österreichisches Honorarkonsulat: Firma Veiga França, Funchal, Avenida Arriaga 73-1, ☎ 22 30 63; ⏱ Mo–Fr 9–12.30, 14.30–18 Uhr.

Einreise

Urlaubsreisende aus EU-Staaten und der Schweiz können sich ohne Visum maximal 3 Monate in Portugal aufhalten. Für die Einreise genügen Personalausweis oder Reisepaß.

Elektrizität

220 V Wechselstrom.

Feiertage

1. Januar, Karfreitag, 25. April (Jahrestag der „Nelkenrevolution"), 1. Mai, 10. Juni (Nationalfeiertag), Fronleichnam, 1. Juli (Madeira-Tag), 15. August (Mariä Himmelfahrt), 21. August (Feiertag der Stadt Funchal), 5. Oktober (Tag der Republik), 1. November, 1., 8. und 25. Dezember sowie zahlreiche Lokalfeiertage.

Fotografieren

Film- und Fotomaterial ist teurer als in Deutschland. Abzüge werden günstig und schnell angefertigt.

Geld und Währung

Portugiesische Währungseinheit ist der Escudo (Esc oder $) = 100 Centavos. Im Umlauf sind Banknoten zu 500, 1000, 2000, 5000 und 10 000 Esc, ferner Münzen im Wert von 1, 2,5, 5, 10, 20, 50, 100 und 200 Esc. Wechselkurse (März 1996): 1 DM = 103 Esc; 1 öS = 14 Esc; 1 sfr = 127 Esc.

Banken akzeptieren für den Umtausch Bargeld, *Eurocheques* (40 000 Esc pro Scheck) und *Reiseschecks* (in DM). Die Scheckgebühren sind ziemlich hoch. Mit ec-Karte erhält man auch an Geldautomaten *(Caixa electrónica, Caixa automática)* Escudos.

Postsparer können ohne zusätzliche Gebühren maximal 3000 DM in 30 Tagen (pro Tag 500 DM) abheben.

Kreditkarten (vor allem Visa, Eurocard) finden zunehmend Verbreitung. In kleineren Lokalen und Geschäften ist Barzahlung üblich.

Haustiere

Madeira verlangt für Hunde im Reiseverkehr ein amtstierärztliches Attest und ein Tollwutimpfzeugnis, das nicht älter als ein Jahr und nicht jünger als 30 Tage sein darf.

PRAKTISCHE HINWEISE VON A–Z

Information

In *Deutschland:*
Portugiesisches Touristikamt, Schäfergasse 17, 60313 Frankfurt/M.,
☎ (0 69) 23 40 94/97, 📠 23 14 33.
In der *Schweiz:* Portugiesisches Verkehrsbüro, Badenerstrasse 15, 8004 Zürich, ☎ (01) 2 41 00 01/05, 📠 2 41 03 13.
In *Österreich:* Portugiesisches Touristikzentrum, Stubenring 16/3, 1010 Wien, ☎ (02 22) 5 13 26 70, 📠 5 12 88 28.
Auf *Madeira* wende man sich an: Direcção Regional de Turismo, Avenida Arriaga 18, 9000 Funchal, ☎ 22 56 58 oder 22 90 57, 📠 23 21 51.

Kleidung

Ausgesprochenes Sommerwetter erlebt man auch auf Madeira nur in den Monaten Juli bis September. Für die übrigen Jahreszeiten sollte man Pullover und eine leichte Jacke einpacken. In höheren Lagen kann es im Winter sehr frisch werden. Regenschauer sind meist nur von kurzer Dauer, doch gehört ein Regenschutz ins Gepäck.

Krankenversicherung

Für Mitglieder einer gesetzlichen Krankenversicherung ist der Abschluß einer privaten Auslandskrankenversicherung empfehlenswert, da der Umtausch in einen portugiesischen Krankenschein (bei der *Direcção Regional de Saúde Pública,* Rua das Pretas 1, Funchal, ☎ 2 03 36) recht umständlich ist. Außerdem werden nicht alle Leistungen von den gesetzlichen Krankenkassen erstattet.

Kriminalität

Madeira ist immer noch sicherer als andere südeuropäische Urlaubsregionen. Geld und Wertgegenstände sind dennoch am besten im Hotelsafe aufgehoben.

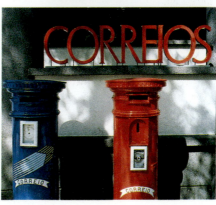

Polyglott 93

PRAKTISCHE HINWEISE VON A-Z

Notruf

Polizei und Krankenwagen erreicht man Tag und Nacht unter ☏ 1 15.

Öffnungszeiten

Geschäfte: gewöhnlich Mo–Fr 9–13, 15–19Uhr, Sa 9–13Uhr. Einkaufszentren haben abends und auch am Wochenende länger geöffnet.
Banken: Mo–Fr 8.30–14.45 Uhr, teils auch bis 19 Uhr und am Samstag Vormittag.
Postämter öffnen sehr unterschiedlich, meist aber Mo–Fr 9–19 Uhr.

Post

Das Porto für eine Postkarte oder einen Brief in EU-Länder beträgt 78 Esc, in die Schweiz 90 Esc. Postämter *(correios)* erkennt man am CTT-Schild. Nur dort und in lizensierten Verkaufsstellen erhält man Briefmarken *(selos)*.

Radio

Rádio Turista sendet auf UKW 96 mHz und MW 1485 kHz deutsche Informationen und Nachrichten. Sendezeit: täglich außer Samstag 9–9.30 Uhr.

Souvenirs

Madeira-Stickerei hat, da echte Handarbeit, ihren Preis. Das größte Sortiment bieten die Stickereifabriken in Funchal an, z.B. die Firma Patricio & Gouveia, Rua Visconde da Anadia 33.
Korbwaren, ebenfalls in Handarbeit erstellt, kauft man in Camacha oder in Funchal (z. B. auf dem Markt). Sperrige Gegenstände kann man per Schiffsfracht nach Hause schicken oder als Fluggepäck mitnehmen (nach Anfrage bei der Fluggesellschaft).
Madeira-Wein läßt sich in Spezialkartons verpackt mit nach Hause nehmen. Am besten erwirbt man ihn in den Probierstuben der Weinexportfirmen in Funchal. Auch *Blumen* werden auf Anfrage transportsicher verpackt. Strelitzien, Orchideen und Flamingoblumen erhält man in der Markthalle von Funchal oder auf dem kleinen Blumenmarkt nahe der Kathedrale. *Schuhe* aus portugiesischer Produktion sind gut und preisgünstig. Auf Madeira hergestellte *Lederwaren* findet man bei Artecouro, Funchal, Rua da Alfândega 15.

Telefon

Internationale Gespräche sind von Telefonzellen mit Münzen zu 50 Esc oder mit Telefonkarten (erhältlich bei der Post) sowie in Postämtern möglich.

Vorwahl: Deutschland 00 49, Österreich 00 43, Schweiz 00 41.
Madeira hat von Mitteleuropa aus die Vorwahl 00 351-91.

Trinkgeld

In Hotels und Restaurants ist das Bedienungsgeld im Rechnungsbetrag enthalten. Es ist üblich, bei zufriedenstellendem Service zusätzlich 5 bis 10 % zu geben. Gepäckträger erwarten pro Koffer ca. 100 Esc, Zimmermädchen ca. 500 Esc pro Woche.

Zeit

Madeira ist *ganzjährig* eine Stunde hinter der mitteleuropäischen Zeit zurück.

Zeitungen

Mit eintägiger Verspätung erhält man alle großen deutschen Tageszeitungen und Zeitschriften. Die kostenlos in den Hotels und beim Fremdenverkehrsamt ausliegende deutschsprachige Zeitung „Madeira Aktuell" informiert über Ereignisse auf der Insel.

Zollbestimmungen

Für Reisende aus EU-Ländern sind Artikel des persönlichen Gebrauchs zollfrei. Für Duty-free-Einkäufe und für die Einreise in die Schweiz gelten folgende Freimengen pro Person über 18 Jahre: 200 Zigaretten oder 250 g Tabak oder 50 Zigarren, 2 l Wein, 1 l Spirituosen (über 22Vol.-%) oder 2 l Madeira-Wein sowie Geschenke bis zum Gegenwert von 200 sfr.

Register

Ortsregister

Achada do Teixeira 73
Agua de Pena 58, 66
Arco de São Jorge 75

Balcões 72
Bica da Cana 82
Blandy's Garden 60
Boaventura 75

Cabo Girão 79
Calheta 85
– Pfarrkirche 85
Camacha 61 f.
Câmara de Lobos 80, 81
– Pfarrkirche São Sebastião 80
Caniçal 65
Caniço 67
Caniço de Baixo 68
Capela da Senhora da Piedade 66
Curral das Freiras 52

Desertas 8, 12

Eira do Serrado 52
Encumeada-Paß 78, 81
Estreito da Calheta 84 f.
– Capela dos Reis Magos 84
Estreito de Câmara de Lobos 79 f.

Faial 73
Fajã da Nogueira 72
Funchal 32 ff.
– Alfândega Velha (Altes Zollhaus) 40
– Barreirinha 41
– Bischofspalast 43
– Cais 34
– Capela de Santa Catarina 34
– Capela do Corpo Santo 40
– Casino 36
– Denkmal der Autonomie 40
– Denkmal für Christoph Kolumbus 36
– Denkmal des Sämanns 36
– Denkmal für João Gonçalves Zarco 38
– Fortaleza de São Lourenço 34, 38
– Fortaleza de São Tiago 40
– Fortaleza do Pico 44
– Hafen 34
– Handelskammer 38
– Igreja do Socorro 41
– Jardim Municpal 37
– Jesuitenkolleg 43
– Kathedrale (Sé) 38, 39
– Lido 46
– Madeira Wine Company 37
– Marina 34
– Mercado dos Lavradores 40
– Museu da Cidade 43
– Museu de Arte Sacra 43, 45
– Museu Henrique e Francisco Franco 42
– Museum für zeitgenössische Kunst 40
– Parque de Santa Catarina 36
– Patricio & Gouveia, Fabrik f. Stickereien 41
– Praça do Infante 37
– Praça do Município (Rathausplatz) 42
– Praia das Estrelas 41
– Quinta das Cruzes 44, 45
– Quinta Magnólia 45
– Quinta Vigia 36
– Rathaus 42
– Reid's Hotel 45
– Rua Boa Viagem 40
– Rua da Alfândega 40
– Rua das Pretas 44
– Rua do Bispo 43
– Rua João Tavira 39
– Sé 38
– Stickereifabriken 41
– Theater 34
– Zona velha 40

Jardim Botânico 48
Jardim do Mar 84
Jardim Orquídea 49

Levada das 25 Fontes 82
Levada do Risco 82

Machico 54 ff.
– Agua de Pena 58, 66
– Cais 54
– Capela de São Roque 58
– Capela dos Milagres 54
– Casa das Bordadeiras 58
– Denkmal für Tristão Vaz Teixeira 56
– Forte Nossa Senhora do Amparo 57
– Forte São João Batista 54
– Igreja Nossa Senhora da Conceição 55
– Lota 57
Machico-Tal 65
Madalena do Mar 86
Miradouro do Juncal 72
Monte 49 ff.
– Jardins do Monte 51
– Wallfahrtskirche Nossa Senhora do Monte 50

Paúl da Serra 82
Paúl do Mar 83 f.
Penha de Aguia 63, 73
Pico do Arieiro 72
Pico dos Barcelos 52
Pico Ruivo 8, 72, 73
Ponta da Oliveira 68
Ponta de São Lourenço 66
Ponta Delgada 75
Ponta do Pargo 82
Ponta do Sol 86 f.
– Parque Infante Dom Henrique 87
– Pfarrkirche Nossa Senhora da Luz 86
– Rathaus 87
Portela-Paß 63
Porto da Cruz 64
Porto Moniz 77 f.

REGISTER

Porto Santo 8, 88 ff.
- Camacha 90
- Campo de Baixo 90
- Campo de Cima 90
- Fonte da Areia 90
- Ilhéu de Baixo 91
- Pico do Castelo 89
- Pico do Facho 8, 90
- Ponta 90
- Ponta da Calheta 91
- Serra de Dentro 90
- Serra de Fora 90
- Vila Baleira 88, 91
  - Kolumbus-Museum 89
Prainha 66
Prazeres 84

Queimadas 74

Rabaçal 82
Reis Magos 68
Ribeira Brava 78 f.
- Pfarrkirche São Bento 78
- Rathaus 78
Ribeiro Frio 72
Risco-Wasserfälle 82
Rosário, Glockenturm 78

Santa Cruz 66 f.
Santana 73, 74, 75
Santo da Serra 62 f.
- Miradouro dos Ingleses 62
- Quinta do Santo da Serra 62
São Jorge 74
São Vicente 75

Terreiro da Luta 70
- Denkmal der Jungfrau vom Frieden 70

Personen- und Sachregister

Ärztliche Versorgung 92
Agueda, Outeiro 67
Almeida, Constança de 36
Architektur 20 ff.

Berardo, José 51, 52
Borracheiros 64
Brauchtum 15 f.

Carvalhal, João José de 42
Cedrón, Alberto 52

Diplomatische Vertretungen 92
Dorset, Anne 56

Einreise 92
Elisabeth von Österreich 36

Feiertage 92
Feste 22
Fliesenkunst 22
Fotografieren 92
Franco, Francisco 36, 38, 42
Franco, Henrique 42

Geld / Devisen 92
Gossaert, Jan (Mabuse) 86

Habsburg, Karl von 50
Haustiere 92
Heinrich der Deutsche 44, 86
Heinrich der Seefahrer 37

Ignatius von Loyola 43
Information 93

Kielanowsky, Leopold 86
Kolumbus, Christoph 13, 36, 88, 89
Korbflechterei 17, 24, 61, 62, 94
Korbschlitten 50, 51
Korsaren 20
Krankenversicherung 93
Kriminalität 93
Kunsthandwerk 24

Levadas 11

Machim, Robert 56
Malerei 22
Manuel I. 20, 22, 32, 38, 42, 44, 55, 87
Medien 94
Montluc, Bertrand de 20
Musik 24

Niemeyer, Oscar 36
Notruf 94

Öffnungszeiten 94

Paz Nóbrega, Maria da 23
Perestrelo, Bartolomeu 88
Post 94

Souvenirs 94
Stickerei 16, 17, 24, 41, 58, 80, 94

Telefon 94
Trinkgeld 94

Vaz Teixeira, Tristão 19, 56

Zarco, João Gonçalves 19, 32, 54, 56, 76, 86
Zeit 94
Zollbestimmungen 94
Zuckerkistenmöbel 21
Zuckermühlen 64, 85